L'ANTIQUE
ORIENT DÉVOILÉ

TOULOUSE, IMPRIMERIE A. CHAUVIN ET FILS, RUE DES SALENQUES, 28.

L'ANTIQUE
ORIENT DÉVOILÉ

PAR LES

HIÉROGLYPHES ET LES INSCRIPTIONS CUNÉIFORMES

PROVENANT DES DERNIÈRES FOUILLES

EXÉCUTÉES EN ÉGYPTE, ASSYRIE, CHALDÉE, PERSE ET PHÉNICIE

PAR

SARRASI

O veritas, o lux!

TOULOUSE
IMPRIMERIE A. CHAUVIN ET FILS
RUE DES SALENQUES, 28
—
1880

PRÉFACE

Je n'avais pas dix ans que ma position toute spéciale m'avait déjà mis en rapport avec nombre d'esprits intelligents et sans préjugés, qui n'hésitaient pas à aborder tous les problèmes de politique, de philosophie, de religion, de littérature, au seul point de vue de la recherche du VRAI. C'est au milieu de ces personnes instruites et de bonne foi, aux conversations desquelles je prêtais une attention d'autant plus grande que toutes avaient droit à mon affection, que je conçus pour la première fois l'idée de ce travail, fruit des méditations et des recherches de longues années.

De toutes les questions qui se discutaient en ma présence, il en était une surtout pour laquelle j'avais remarqué parmi mes parents et amis les contradictions les plus disparates :

C'était la question religieuse!

En effet, qu'il s'agît des origines chrétiennes, de l'authenticité des livres saints, de l'autorité des prophètes, de la mission terrestre du Christ, de l'essence divine, du but de l'existence, de l'immortalité de l'âme, de la vie future, de la conscience humaine, j'entendais émettre et soutenir les avis les plus opposés. De plus, tandis que sur tous les autres sujets la discussion ne s'écartait jamais des bornes de la plus stricte convenance, il était rare que sur celui-ci les discoureurs fussent assez maîtres d'eux-mêmes pour ne pas apporter un peu d'aigreur dans la discussion.

Si j'avais pu croire à l'ignorance ou à la mauvaise foi des personnes au milieu desquelles je vivais, une telle différence d'appréciation sur des sujets aussi nettement indiqués m'eût été certes expliquée ; mais je l'ai déjà dit, toutes m'étaient chères à divers titres, et leurs connaissances étaient incontestables.

Pour concilier le résultat toujours négatif de leurs entretiens avec la bonne opinion que j'avais de leurs mérites et de leur droiture j'en fus réduit à penser ou que la vérité religieuse était introuvable ou que les secours de la science de l'époque étaient impuissants à la faire jaillir.

Dès lors, ma résolution fut prise. Dans ma jeune tête germa un projet grandiose : chercher le vrai en religion ! Quant aux moyens de l'atteindre, je n'en voyais qu'un : le travail assidu. Ce but, je l'ai poursuivi trente ans pour ma satisfaction personnelle, non pas d'une façon continue à la manière du bœuf qui traîne toujours sa charrue avec le même effort musculaire : non, la nature ne m'a pas doué de cette longue patience qui fait dit-on le génie. Pourtant, je puis dire qu'au milieu de mes travaux, de mes peines, de mes plaisirs, de mes méditations ; dans chaque acte important de ma vie, j'ai toujours eu présent à l'esprit mon *desideratum* d'enfant, et j'ai cherché à l'atteindre. Il a été le centre vers lequel a convergé toute mon existence, et je ne puis plus comprendre la vie sans lui. Je lui dois mes heures les plus délicieuses, mes souvenirs les plus doux, l'oubli de beaucoup de chagrins et de beaucoup de douleurs. A sa poursuite, je sens que mon âme s'est grandie, qu'elle a touché aux cimes infinies, sans fausse vanité, sans fol orgueil, avec la sérénité calme qu'apporte la conviction d'avoir rempli un devoir pénible mais chéri.

Dirai-je que j'ai atteint le but ? Oserai-je prétendre que j'ai possédé le vrai en religion ? Ce serait sottise.

La conviction à laquelle m'ont amené mes recherches est tout autre, puisque j'arrive à cette conclusion : Que la connaissance de la vérité religieuse n'est pas plus possible à l'homme qu'il ne lui a été donné d'aboutir à la connaissance du vrai absolu.

Pour s'en convaincre, il suffit de réfléchir que la religion, embrassant tous les règnes de la nature, touchant à toutes les spéculations de l'intelligence et à tous les mystères de la création, celui qui serait parvenu à posséder la vérité en religion devrait également tout connaître et tout savoir ; il usurperait ainsi le rôle et la fonction divines ; il serait Dieu lui-même.

Mais, dira-t-on, votre affirmation est aussi absurde ; car s'il n'est pas possible d'atteindre au vrai religieux, il ne sera pas plus facile d'arriver au vrai, et alors la fatale conviction que vous nous apportez va détruire toute initiative et paralyser tous les efforts. Dans la société que vous nous faites, l'artiste, le mathématicien, l'artisan, ne chercheront plus à perfectionner l'art, la science ou la matière, car ils sauront qu'il est une limite à leurs efforts, un *summum* qu'ils ne pourront atteindre et que l'on peut formuler par ces expressions : le vrai dans l'art, dans la science ou dans la matière.

Un tel raisonnement serait juste si l'homme pouvait se soustraire à une loi fatale qui pèse sur lui et qui est pour ainsi dire la cause unique de son existence terrestre. Cette loi inévitable n'a rien de cruel, elle est, au contraire, la source où nous venons tous puiser le bonheur, et le Créateur ne nous l'a imposée que pour notre bien. C'est d'elle que découlent toutes nos joies, et jusqu'à notre individualité qui nous les fait sentir; c'est la loi du perfectionnement ou du progrès, dont la recherche du vrai est le couronnement intellectuel.

Une société humaine ne peut pas exister sans cette loi ou plutôt ce mobile.

Supposons, en effet, pour un instant, qu'il y ait quelque part un monde où l'obligation de rechercher le mieux et son *summum*, le vrai, soit inutile. De deux choses l'une, ou bien les individus faisant partie de cette société seront arrivés à la suprême connaissance, ou bien cette connaissance ne leur sera d'aucune nécessité. Dans les deux cas, dites-moi à quoi peuvent leur servir les lumières qui font la grandeur de l'homme? Que feront-ils des facultés qui le distinguent, de la volonté, de l'intelligence, de la raison? Ce sont évidemment pour eux des dons inutiles dont ils n'ont pas à user. Si une semblable agglomération d'êtres pouvait exister, elle ne serait pas à coup sûr uue société humaine; la vie n'y pourrait être qu'une contemplation béate avec le *spleen* pour Dieu suprême.

Eh bien! prenez maintenant une société ainsi composée et jetez-y un seul ferment : la loi du progrès ou son corollaire, la recherche du vrai, à l'instant tout s'anime, tout s'agite, tout vit. Le père et la mère sont là pour diriger les premiers efforts de l'enfant, soit qu'ils veuillent assurer son avenir, soit qu'ils désirent le faire participer à leur expérience et aux connaissances qu'ils ont acquises. Ils s'attachent avec amour à leur œuvre de chair comme à leur labeur quotidien; ils rêvent l'un et l'autre parfaits et s'appliquent à les rapprocher de leur idéal. De là, pour chacun, l'obligation de cultiver son esprit, d'élever son cœur, de travailler de ses mains ou de son intelligence. Les résultats de tels efforts se font bientôt sentir, les jouissances intellectuelles et matérielles deviennent à la fois plus nombreuses et plus délicates. La civilisation naît en faisant participer à tous ses avantages ceux qui ont contribué à l'établir. Ainsi s'épanouissent le commerce, les arts, l'industrie, la littérature, les sciences, tout ce qui élève l'homme, tout ce qui agrandit sa sphère d'action, tout ce qui le rapproche de Dieu, c'est-à-dire du vrai absolu.

Et notez que dans la poursuite de ce vrai nous trouvons à chaque pas, comme conséquences immédiates, la pratique du beau et du bien, et qu'à mesure que nous nous perfectionnons cette trinité du bien, du beau et du vrai s'épure à travers l'homme, jusqu'à ce qu'elle arrive à s'idéaliser en perfections attribuées à la divinité.

Il n'est donc pas téméraire de dire que l'homme tend sans cesse vers son Créateur.

L'atteindra-t-il un jour?

Pourquoi pas?

Evidemment, ce ne sera pas dans ce monde, où ses organes sont trop impurs, trop chargés d'alliages pour toucher le but suprême : le vrai dans sa perfection, la vérité absolue, Dieu! Mais qui nous dit qu'il ne nous sera pas tenu compte des efforts que nous aurons faits pour arriver à sa connaissance ? Qui nous dit qu'après avoir chaque jour rejeté un peu des substances impures qui nous séparent de lui nous n'en arriverons pas à les avoir toutes rejetées ? Et alors serons-nous loin de Dieu ?

La mort, en interrompant notre œuvre terrestre, arrête-t-elle l'effet de la loi suprême que j'ai signalée? Il n'y a pas de raison pour le croire. La loi du progrès est très probablement une loi universelle embrassant toutes les créations. Dans ce cas, la mort n'est qu'une transformation, un changement brusque d'organes qui nous permet de voler plus loin et plus haut.

En somme, la migration d'une âme perfectionnée dans un corps plus approprié à ses nouvelles destinées n'a rien d'illogique.

Une loi fatale nous appelle vers Dieu ; mais pour arriver à lui il faut nous séparer de bien des éléments impurs. La mort nous débarrasse de quelques-uns ; d'autres circonstances favorables, d'autres morts, nous délivreront davantage, et il n'y a rien d'impossible à ce qu'un jour vienne où notre âme se confondra dans le bien, le beau et le vrai, c'est-à-dire dans la divinité. Notre évolution sera alors achevée, nous aurons reçu la récompense de nos efforts, et l'essence humaine, à force de vouloir, à force de mérites, sera arrivée à se confondre avec l'essence divine d'où elle émane.

Alors tout sera fini, le cycle se refermera.

Cette idée de la transmigration progressive de l'âme, je ne suis peut-être pas le seul à l'avoir émise. Je n'en revendique pas la paternité. Les religions anciennes l'admettaient, mais c'était une transmigration expiatoire, la seule au reste qui pût répondre à la conception de dieux vindicatifs et autoritaires. Aujourd'hui, ces dieux-là ont fait leur temps ; notre esprit plus cultivé ne peut plus admettre que la désobéissance à une prescription prétendue divine nous force à revêtir le corps d'un animal. Il se refuse également à croire que pour la même faute nous soyons éternellement rôtis et martyrisés.

J'espère avoir prouvé, dans les pages que l'on va lire, que toutes les religions sont créées par l'homme; qu'elles sont le fruit d'un état de civilisation et d'une époque déterminés ; qu'elles ont leur unique raison d'être dans les nécessités contemporaines; qu'enfin, elles ne peuvent se transformer et se perfectionner qu'en changeant, c'est-à-dire en mourant; car le changement est pour une religion synonyme de mort. Eh! bien! s'il en est ainsi, je ne vois pas pourquoi une conception divine et religieuse ne correspondrait pas à l'état social que nous traversons. Pourquoi n'y aurait-il pas un Dieu du dix-neuvième siècle comme il y a eu un Dieu d'Abraham ou de Moïse ? Pourquoi enfin les siècles qui nous suivront ne pourraient-ils pas concevoir Dieu et son culte d'une façon différente de la nôtre? Rien dans l'histoire et dans les événements humains ne me paraît devoir s'y opposer. Au contraire, tous les faits historiques semblent s'accorder pour nous prouver que non seulement ces choses là sont possibles, mais encore qu'elles ont eu lieu.

Je vais plus loin, et je dis qu'à mesure que le développement intellectuel se produit chez un individu, sa conception divine doit éprouver des modifications résultantes. Le Dieu d'un bouvier, dont l'intelligence se noie dans la poursuite du pain quotidien, dont le corps se fatigue à des travaux manuels, à des efforts musculaires sans cesse renouvelés, ne peut être le même que le Dieu d'un érudit qui poursuit un idéal à l'abri de tous besoins matériels. De sorte que, même pour des contemporains, il existe forcément des conceptions différentes de Dieu.

Quand, dans le passé, on étudie ces conceptions, ce ne peut être que sur des monuments, livres ou inscriptions, qui nous restent de ces époques. Or, ces monuments sont le produit d'esprits relativement cultivés. La formule qu'ils nous donnnent ne représente alors pas même une moyenne ; il faut prendre garde que c'est un *summum* accepté seulement par quelques hommes d'élite. Mais que le Dieu de la foule serait différent, s'il était possible de le découvrir !

Il est incontestable que le Dieu du siècle actuel doit s'éloigner du type conçu par nos devanciers. Le christianisme a dû accepter une partie de la légende mosaïque, et le Christ, en apportant le pardon, la miséricorde, la charité, n'a pu complètement éteindre les foudres d'un Jéhovah jaloux et vengeur. Le moyen âge a permis de cimenter tant bien que mal les deux types ; mais, à mesure que la civilisation grandit, le dieu tonitruant rentre dans l'ombre et celui de Jésus en sort. Plus nous irons, plus la conception christianique dominera.

Pourtant, elle prendra, elle aussi, le cachet de l'époque. Notre siècle est incontestablement un siècle de science ; c'est la science qui le caractérise et en fait l'originalité. Quand, dans l'avenir, on voudra le désigner, ce ne sera plus un nom comme celui d'Auguste ou de Périclès qui le symbolisera, on l'appellera le siècle de la vapeur, de l'électricité, des grandes entreprises industrielles et commerciales. Rome a beau protester, la tendance de nos jours est le progrès. Il faut donc que la conception moderne de Dieu soit progressiste et scientifique. Aux qualités de bonté, de beauté, de vérité, que nous lui avons déjà reconnues, il faudra donc ajouter l'idée de progrès pour avoir le vrai Dieu contemporain.

Cette conception est assez belle pour ne pas nous laisser de regrets d'abandonner l'ancienne.

SARRASI.

L'ANTIQUE ORIENT DÉVOILÉ

CHAPITRE PREMIER.

DE L'ECRITURE ANTIQUE.

I. *Du Signe.* — Confusion des mots à l'origine du langage. — Moyen pratique d'y remédier. — Les premiers signes sont des statuettes. — Représentation de l'idée physique et de l'idée métaphysique. — Symbolisme par analogie. — Choix arbitraire du symbole. — Signe pur et signe emblématique.

II. *De l'Ecriture.* — L'écriture prend son origine dans la plastique. — Priorité. — Accusation d'idolâtrie lancée contre les peuples primitifs. — Son fondement. — L'écriture est un progrès sur l'art plastique. — Ecriture idéographique. — Multiplicité des caractères. — Conséquences de cette multiplicité. — Ecriture alphabétique. — Priorité. Services.

I

Du signe.

La langue primitive qu'inventa l'homme pour communiquer sa pensée manqua naturellement, à son début, des souplesses de nos idiomes modernes. Outre qu'il est dans la nature des choses de ce monde de commencer par l'imperfection, et que le langage ne peut se dérober à cette loi fatale, on peut comprendre combien il a fallu de temps à l'homme pour pouvoir émettre facilement ses idées. La confusion des mots, à l'origine des langues, confusion provenant de leur pauvreté, est telle que nous voyons un seul substantif avoir jusqu'à sept et huit acceptions différentes. Le mot égyptien qui répond à ce que nous avons appelé le *Lingam*, signifiait à la fois : « organe mâle de la génération, » « source de toute chaleur, » « soleil, » « dieu suprême générateur, » « principe bienfaisant, » « principe de fécondité, » « bien, » « source de tous les biens. » Ajoutez à cela que le verbe n'étant pas créé, en l'étant imparfaitement, les notions de passé, présent et futur, de mode et de personne n'existaient pas ou existaient d'une manière incomplète.

L'homme se trouva donc tout d'abord dans l'obligation de recourir à un moyen qui pût suppléer à l'insuffisance de la langue. Ce moyen fut le signe.

Toute l'antiquité historique est d'accord sur ce point, que les premiers instructeurs des peuplades primitives employèrent le signe comme expression matérielle de leur pensée et comme base de leurs enseignements. Du reste, quand même nous n'aurions pas à cet égard le témoignage irréfutable des auteurs grecs, la raison seule suffirait pour nous convaincre qu'il ne put en être autrement. Les tribus sans culture sont en effet comme nos enfants, et, par conséquent, les moyens à employer pour les instruire doivent être les mêmes. Or, quand nous voulons donner à un enfant la notion d'un pomme, par exemple, nous la leur faisons voir, sentir, goûter, toucher, c'est-à-dire que nous la présentons successivement à chacun de ses sens. Puis, par un phénomène mystérieux, la connaissance passe des sens jusqu'à l'âme qui la recueille, s'en souvient et s'en sert. Il est donc incontestable que lorsque, dès le début, on voulut faire pénétrer dans l'esprit l'idée d'une chose, on la présenta aux sens.

Mais, à toute heure et dans tous les lieux, on ne peut pas toujours se procurer un objet matériel image de l'idée. Que faire alors? Mon Dieu! cela est bien simple : on fabriquera grossièrement, en terre, de petites statuettes qui seront, par une convention tacite, censées représenter les divers objets, et que leur peu de volume permettra de transporter d'un endroit à l'autre ou d'accumuler en grand nombre au lieu choisi pour recevoir l'instruction. Il est facile de comprendre qu'avec le temps, ce lieu de réunion va devenir une sorte d'atelier, que dis-je? une bibliothèque où chaque idée sera représentée par une statue.

Ainsi donc, il n'y a presque pas de difficulté pour faire pénétrer dans l'esprit la connaissance des choses matérielles. Mais quand l'instructeur voudra passer du domaine de la réalité au domaine de l'abstraction, comment va-t-il s'y prendre pour graver sa métaphysique dans l'âme de ses disciples? Exactement de la même façon. A chacune de ces petites statuettes, et en tenant jusqu'à un certain point compte de l'analogie, va être attachée une idée immatérielle. En Egypte, par exemple, le scarabée va symboliser le soleil; la chatte, la lune; l'ibis, l'esprit de Dieu. Et pourquoi a-t-on fait choix du scarabée, de la chatte et de l'ibis pour représenter le soleil, la lune et l'esprit de Dieu? C'est parce qu'on a cru, à tort ou à raison, qu'il existait entre ces objets et les idées qu'ils sont chargés d'exprimer des analogies suffisantes.

Je dis : à tort ou à raison, car il est bien difficile aujourd'hui de savoir au juste quel est le motif qui a déterminé le choix de tel ou tel hiéroglyphe plastique. Pline nous affirme sérieusement que le scarabée a été choisi par les Egyptiens comme emblème du soleil générateur parce que cet insecte se fabrique une boule de sperme qu'il pousse à reculons. Plutarque et Clément d'Alexandrie nous déclarent, sans rire, que c'est parce que les trente doigts des pattes du scarabée correspondent aux trente jours du mois solaire, ou que, semblable au soleil, le scarabée passe six mois sur terre et six mois dessous. La question n'est pas là. Il nous importe peu de savoir si l'emblème a été bien ou mal choisi et quels sont les motifs qui l'ont fait adopter; nous ne voulons constater qu'un fait, c'est l'existence du signe pur et du signe emblématique au berceau de toute civilisation, et si nous avons cité les commentaires de Pline, de Plutarque et de Clément d'Alexandrie, c'est uniquement pour montrer à quelles subtilités peut descendre l'esprit humain quand il juge sur des observations insuffisantes ou incomplètes.

Quoi qu'il en soit, grâce au signe pur et au signe emblématique, le langage a acquis un nouvel auxiliaire, et la pensée s'est matérialisée de façon à pénétrer, par les sens, jusqu'à l'âme. La limite entre le règne physique et le règne métaphysique est franchie sans secousse, et, peu à peu, la collection des menus objets, images de la pensée, va devenir l'exacte représentation, le texte fixe et immuable des connaissances acquises.

II

De l'écriture.

C'est également dans les petites statuettes, témoins physiques de l'idée, que nous trouverons l'origine de l'écriture.

Que fut, en effet, l'écriture des premiers hommes sinon l'expression directe de l'idée au moyen de signes de convention gravés ou dessinés sur un corps plane? Et ces signes, où les prit-on? Evidemment autour de soi, dans la nature, parmi les animaux et les plantes qui avaient servi à former l'alphabet plastique. En d'autres termes, les premiers scribes ou hiérogrammates n'eurent qu'à copier le contour externe des statuettes et à le fixer sur leurs tablettes au moyen du trait.

Mais, dira-t-on, ce sont peut-être les statuettes qui ont été calquées sur les *grammata*. La chose est peu probable. La gravure et le dessin sont nécessairement des arts postérieurs au modelage, par cette raison que les premiers supposent un certain degré d'industrie, tandis que le dernier peut être exercé dès l'origine de la création.

Il est donc certain que les premières instructions durent être données au moyen d'hiéroglyphes visibles ; c'est, par conséquent, une erreur de croire, comme l'ont fait Moïse, Mahomet et les Pères chrétiens, que ces petites statues qu'on trouve si nombreuses sur la vieille terre de Kémé sont des divinités adorées par les Egyptiens. Elles n'ont été, dès le principe que des signes destinés à sauver de l'oubli les annales scientifiques, civiles et religieuses des premières peuplades. Que plus tard, alors que le ciseau fouillait la pierre et le marbre, alors que le burin déchirait les métaux, ces témoins naïfs de l'art des premiers âges soient devenus, pour le bas peuple, un objet de culte et d'adoration, au même titre que les croix, les chapelets, les croissants, les ciboires, les saintes tables de nos religions modernes ; je veux bien le croire. Mais rappelons-nous qu'avant de jeter à un peuple, d'ailleurs civilisé, l'accusation d'idolâtrie nous devrions être bien certains que nos dévotes n'adorent pas réellement les instruments au moyen desquels nous représentons nos idées religieuses.

L'écriture fut un progrès énorme sur l'art plastique. Il était, en effet, plus facile de dessiner des figures d'animaux et de végétaux que de les pétrir en terre. On gagna ainsi beaucoup de temps ; on en eut davantage pour penser et s'instruire.

A mesure que l'intelligence se développait, de nouveaux besoins se faisaient sentir, de nouveaux caractères étaient inventés. Leur nombre, chez quelques peuples devint formidable. On en compte environ huit cents dans l'écriture hiéroglyphique de l'Egypte et quatre-vingt-quatre mille dans celle des Chinois.

On comprend, dès lors, qu'il fallut des études spéciales pour arriver à la connaissance d'un si grand nombre de signes. Ce fut là la source d'un progrès nouveau. Des hommes spéciaux, forcés de se consacrer à ce travail, libres, du reste, de toutes autres préoccupations journalières, durent faire et firent en effet marcher à grands pas la nouvelle science. Bientôt on ne se contentera plus, pour rendre les idées sensibles, de copier le contour des objets de la nature; on formera des caractères de convention qui prouveront, chose très importante, que la figure elle-même est insignifiante et que sa valeur gît uniquement dans l'acception qu'on est convenu de lui attribuer.

On voit ici poindre l'idée de la merveilleuse écriture alphabétique, source féconde de tant de progrès. Si, en effet, la figure n'a pas d'importance par elle-même à quoi bon l'exactitude de la ressemblance? A quoi bon le fini du dessin? Pourquoi s'embarrasser de toutes ces lignes qui retardent l'expression de la pensée? Donc la figure se simplifie : un lion est représenté par deux traits, un arbre par trois. Mais là s'arrêtent les services que peut rendre à l'humanité l'écriture idéographique : elle est condamnée à l'immobilité par la profusion même des signes qui furent la cause primitive de sa richesse et la marque de son utilité.

Une autre écriture apparaît. Celle-ci ne représente pas directement l'idée par le caractère; le signe n'y est que l'expression conventionnelle du son : c'est l'écriture alphabétique. A-t-elle précédé ou suivi l'écriture idéographique? La question est controversée. On peut dire cependant que la tendance générale de l'esprit humain étant constamment, en fait d'inventions de commencer par le composé pour arriver au simple, l'écriture alphabétique, à la fois plus savante et moins compliquée, dut prendre naissance à une époque de civilisation déjà avancée.

Quoi qu'il en soit, il est certain que l'adoption de l'écriture alphabétique par les peuples européens est l'une des principales causes et peut-être la plus importante du développement rapide de leur état social.

CHAPITRE II.

DU LANGAGE.

I. *Philologie comparée.* — Difficultés du déchiffrement des hiéroglyphes. — Inscription de Rosette, Champollion-Figeac. — Origine de la philologie comparée. — La réforme et les hébraïsants. — *Lexicon heptaglotton.* — Zend et sanscrit. — Tour de Babel, spectacle donné par les savants. — Conclusions précipitées. — Réveil du vieux monde.

II. *Division des langues.* — Filiations des langues et des races. — Utilité et dangers de la philologie comparée. — Division des langues. — Langue mère inventée par les savants.

III. *Erreurs du langage et de l'écriture.* — Causes. — Pauvreté d'expressions, surabondance d'images. — Apologue, allégorie, parabole, fable. — Difficultés de la traduction. — Erreurs qui en proviennent.

I

Philologie comparée.

Le travail que nous avons entrepris ne serait pas complet si nous ne disions ici comment s'y sont pris les savants modernes pour reconstituer non seulement les écritures anciennes, mais encore pour remettre au jour les lois, les mœurs, les institutions civiles et religieuses des peuples disparus.

La science a eu dans cette œuvre colossale non seulement à lutter contre le temps, mais encore contre le fanatisme des hommes. Elle est sortie victorieuse de cette double épreuve et, malgré l'incendie plusieurs fois renouvelé de la bibliothèque d'Alexandrie, malgré la combustion des papyrus les plus plus précieux, malgré leur dispersion dans toutes les parties du monde, malgré le martelage des inscriptions architecturales, malgré la destruction des temples, des palais, des cités antiques, malgré tant de siècles qui nous séparent de ces époques primitives, elle a pu rétablir le passé. Pour opérer ce prodige, il a suffi d'une pierre échappée à la dévastation générale, tant il est vrai que l'homme est aussi impuissant pour détruire que pour créer.

Cette pierre n'est autre que la célèbre inscription de Rosette. Le même texte s'y trouvait rédigé en grec, en écriture monumentale et en écriture cursive de l'Egypte. La seule écriture grecque était connue. Mais comment comparer avec elle ces signes bizarres dont la clé était depuis longtemps perdue ? La difficulté, pour être grande, n'en fut pas moins surmontée. Le savant Young (qu'à jamais soit bénie sa mémoire!) devina que le nom de « Ptolémée » était entouré d'un « cartouche » ou enroulement ornemental dans le texte hiéroglyphique. La place du mot se trouvant indiquée, il s'agissait de déterminer la valeur des caractères qui le composaient. Après quelques essais infructueux, Young y renonça.

On savait cependant par les écrivains grecs que les Egyptiens avaient possédé autrefois une écriture idéographique, c'est-à-dire employant des figures d'animaux et de végétaux. Muni de ce précieux renseignement, Champollion-Figeac étudia de nouveau le texte de l'inscription de Rosette. Il eut la bonne fortune de pouvoir le comparer à d'autres inscriptions trouvées dans des tombeaux où il supposa que devait se retrouver le mot de « Cléopâtre, » également entouré d'un cartouche. Il n'en fallut pas davantage à ce puissant génie pour reconstituer par la comparaison une grande partie de l'ancienne écriture hiéroglyphique.

A partir de ce moment la linguistique ou philologie comparée marche à grands pas. Cette science datait de la Réforme. Grâce à leurs nouvelles doctrines, Luther et Calvin avaient réveillé tous les esprits. Pour soutenir les novateurs ou pour les combattre, il fallut recourir aux textes primitifs de la Bible. Les prêtres de toutes les communions se mirent donc en devoir d'étudier l'hébreu et toutes les langues qui semblaient se rapprocher de lui. D'ailleurs les littératures arabe, chaldaïque, syriaque, éthiopienne et assyrienne ne renfermaient-elles pas des monuments d'une haute importance pour les travaux entrepris par les courageux hébraïsants? On parvint ainsi à recueillir une foule de renseignements linguistiques qui eurent pour effet de déterminer la vraie valeur de quelques mots importants. Mais ces études, faites pour ainsi dire au hasard, manquèrent nécessairement d'unité; elles auraient plutôt servi à égarer les esprits si l'anglais Castel n'était venu fondre dans un seul ouvrage, le *Lexicon heptaglotton*, toutes les recherches faites jusqu'à lui sur les langues sémitiques. Il fut assez heureux pour pouvoir démontrer ainsi, d'une façon visible et irréfutable, la ressemblance de construction grammaticale qui existait entre sept de ces langues. Alors les savants de toutes les nations, alléchés par les magnifiques résultats déjà obtenus, se livrèrent avec plus d'ardeur à l'étude du persan moderne. Ils furent bien surpris de trouver entre les langues actuelles de l'Europe et l'idiome de l'Iran des analogies frappantes. Plus grand fut encore leur étonnement quand les progrès de leurs travaux leur permirent d'aborder le zend, langue des disciples de Zoroastre, et le sanscrit, langue sacrée de l'Inde antique.

Une stupéfaction d'un caractère particulier s'empara alors de tous les esprits cultivés. En vérité, cela n'était pas surprenant. Une ressemblance extraordinaire existait entre toutes les langues de l'Europe moderne et de l'Asie ancienne. Les mots les plus usuels de nos idiomes contemporains retrouvaient leurs racines sur les hauts plateaux de l'Arménie ou de l'Himalaya. Dogmes, cultes, sciences, arts, tout ce qui compose enfin notre bagage intellectuel et moral portait le cachet indélébile des civilisations de Thèbes, de Memphis, de Ninive, de Babylone et des bords du Gange et de l'Indus ! On comprend qu'il y eut un moment de perturbation générale ; aussi le monde savant donna-t-il, à la fin du siècle dernier et au commencement de celui-ci, le spectacle d'une véritable confusion des langues. Trop impatients de conclure, les uns partaient des ressemblances linguistiques pour arriver à l'unité d'origine et à l'unité de révélation; les autres partaient des différences pour formuler une conclusion opposée. Les plus sages écoutaient tout ce bruit et attendaient avec inquiétude que le jour se fût fait.

Il est certain qu'un horizon nouveau s'ouvrait pour l'humanité. Elle se réveillait tout à coup, éblouie, d'un sommeil qui avait duré autant que les Grecs, les Romains, les Barbares et le moyen âge. Quatre à cinq mille ans venaient d'être presque subitement conquis par la science. L'Egypte, la Phénicie, la Phrygie, la Lycie, la Perse, la Bactriane, Babylone, Ninive, l'Inde revenaient à la lumière avec leurs brillantes civilisations après des milliers d'années d'oubli.

Ce fut comme une véritable palingénésie de l'antiquité préhistorique.

II

Division des langues.

Au milieu de l'enivrement de cette renaissance il n'est pas étonnant que les savants aient hasardé quelques opinions précipitées. Il n'en pouvait être autrement. Nous verrons, dans le cours de cet ouvrage, ce qui doit être conservé de leurs hypothèses et ce qu'on en doit rejeter. Il nous suffit ici de signaler un écueil où peut sombrer la vérité.

De la ressemblance grammaticale du langage entre

divers idiomes conclure à la parenté, c'est déjà bien hardi; mais pousser plus loin et faire découler la filiation des races de la similitude de leurs langages, c'est au moins téméraire. Il est possible que ces conclusions soient vraies, mais les preuves qu'on en donne ne seront suffisantes qu'autant qu'elles seront appuyées sur les textes antiques et l'archéologie, qui seuls nous fournissent des renseignements politiques, religieux et moraux pouvant servir de base à nos classifications de races.

Pour montrer le danger des conclusions trop précipitées sur l'importante question de filiation des peuples, prenons exemple de la nation grecque. Il y a entre les deux idiomes de l'Eurotas et du Gange une ressemblance grammaticale incontestable. Eh bien! devons-nous, sur cette unique preuve linguistique, déclarer que les Grecs sont fils des Aryas, et ne devons-nous pas tenir compte des rapports religieux, politiques et sociaux qui ont, en quelque sorte, fondu en Grèce l'élément aryen avec les éléments sémitiques et égyptiens attestés par les monuments et les textes antiques?

Toutefois, quoique la philologie comparée puisse devenir, entre des mains inexpérimentées, une source d'erreurs, il n'en est pas moins vrai qu'elle a rendu et qu'elle est appelée à rendre encore des services immenses. Ainsi c'est grâce à elle qu'on a pu déchiffrer les hiéroglyphes d'Egypte, les textes des monuments phrygiens, phéniciens et lyciens, les caractères cunéiformes de la Perse, de la Babylonie et de la Ninivie; et c'est grâce à elle que les savants anglais ont pu entreprendre l'histoire civile et religieuse de l'Inde.

En comparant entre eux les divers idiomes, la science les a divisés en trois groupes :

1° La langue aryenne, mère du sanscrit, du perse et de nos idiomes européens.

2° La langue sémitique, source de l'hébreu, de l'arabe, du syriaque, du chaldaïque, de l'éthiopien, de l'assyrien.

3° La langue touranienne, qui a donné naissance au turc, au mongol, au magyar.

Il est incontestable que ces trois formes de la pensée ont entre elles des rapports frappants qui nous autorisent à leur attribuer une origine commune. Il existe en effet une langue mère qui peut-être n'a jamais été parlée, mais dans laquelle Strange, Collebrook, Weber, Schlegel et Burnouf, qui l'ont inventée, ont retrouvé la plupart des racines des dialectes que nous venons de nommer. Quoi qu'il en soit, les différences d'organisme qui existent au sein de ces idiomes, malgré la probabilité d'une parenté commune, suffisent pour motiver la classification que nous venons de donner. Cette classification a d'ailleurs l'inappréciable avantage d'apporter un peu de clarté dans le chaos linguistique.

III

Erreurs du langage et de l'écriture.

Mais voici que la langue est formée. Il semble tout

d'abord que la pensée, enfin stéréotypée dans son moule, va être pour jamais à l'abri de l'interprétation et de l'erreur. Il n'en est pas ainsi pourtant, et de nouvelles sources d'obscurité vont naître du langage lui-même.

En effet, ces langues primitives sont loin de posséder toutes les facilités et toutes les souplesses grammaticales qui font que nos dialectes modernes se plient avec tant d'ingéniosité aux exigences de nos multiples besoins. Il est facile de voir qu'à mesure que l'on remonte vers les origines linguistiques la clarté disparaît par suite de deux causes : pauvreté constitutive des idiomes, d'une part; surabondance d'images, de l'autre. Nous avons dit plus haut que quand bien même nous n'aurions pas à cet égard le témoignage des auteurs anciens, la raison seule suffirait pour nous convaincre que chez tous les peuples l'enseignement dut se faire au moyen de l'image. C'est par l'image, en effet, que les sens sont saisis et que la connaissance se forme pour pénétrer jusqu'à l'âme. D'ailleurs, ne savons-nous pas que Zoroastre, les brahmanes et les prêtres égyptiens instruisaient le peuple dans des salles ou grottes couvertes de figures emblématiques? L'image graphique, plus simple, plus rapide, fut un réel progrès sur le signe plastique, et dut, par conséquent, lui succéder dans la suite des temps.

Quand l'image passe dans le langage elle prend le nom d'apologue, d'allégorie, de parabole, de fable. Tous les instructeurs de l'antiquité, prêtres, prophètes, devins, dieux ou demi-dieux, ont usé et abusé de ces figures naïves, qui sont le seul mode rapide applicable à l'éducation des peuples enfants. Zoroastre, Brahma, Moïse, Bouddha, Confucius, Wichnou, Pythagore, Esdras, Jésus les ont tellement prodiguées qu'on peut dire que leurs enseignements n'emploient guère que la forme allégorique. Les oracles grecs, les prophètes hébreux, les historiens hindous ont poussé si loin l'amour de l'image que leurs paroles en sont parfois incompréhensibles. Il nous paraît inutile de nous étendre en ce moment sur cet important sujet, qui fera l'objet de notre attention quand nous traiterons du prophétisme.

Disons seulement ici qu'il existe dans tout langage des expressions et des images propres qu'on chercherait en vain à retrouver dans les autres idiomes. Qu'il s'agisse, par exemple, d'un texte mythologique, d'une légende poétique, d'un cantique inspiré, comme ceux de David, et l'on verra qu'aux difficultés ordinaires de la traduction viendront s'ajouter de nouvelles causes d'imperfection forcée : les images, les allégories, les paraboles, les fables, les figures de rhétorique, qui forment pour ainsi dire la saveur et le cachet du texte primitif sont fatalement condamnées à perdre une partie de leurs beautés en passant dans un langage dont l'organisme est impropre à les saisir. Ajoutons que les caractères n'ont pas toujours leurs équivalents dans les diverses écritures, que les mots, dans les divers langages, ne sont pas exactement synonymes ; que les idées, en passant d'un idiome à un autre, ne peuvent pas se dégager des circonstances et des milieux où elles prirent naissance ; que le traducteur ne possède pas toujours les délicatesses du texte primitif; que souvent il en dénature involontairement le sens par des assimilations superficielles, et l'on verra combien, en général, il faut se défier des traductions. Enfin, disons que malgré les efforts du monde savant depuis cent ans, il n'est pas encore possible de traduire certaines inscriptions égyptiennes.

Des causes matérielles viennent d'ailleurs embarrasser souvent la science : les pierres monumentales sont quelquefois brisées, et les morceaux rapprochés laissent des lacunes; le temps a aussi parfois accompli une partie de son œuvre de destruction, et le fanatisme religieux ou politique a trop fréquemment martelé les textes le plus précieux.

CHAPITRE III.

MIGRATIONS INDIENNES.

I. *Documents*. — Disparition des œuvres des auteurs grecs et romains relatives à l'histoire de l'Asie et de l'Egypte. — OEuvres littéraires et religieuses de l'Orient. — Impossibilité d'écrire l'histoire des peuples orientaux avant le déchiffrement des inscriptions. — De la chronologie, de sa valeur, de son utilité. — Dates incontestées.

II. *Migrations*. — Les Palis et le Palistan. — Invasion en Perse et en Chaldée. Invasion en Egypte. — Migrations aryennes en Scandinavie et en Ethiopie.

III. *Inde. Paradis terrestre*. — Védisme à la fois panthéiste et monothéiste. — L'homme antédiluvien. — Toutes les origines sont dans l'Inde.

I

Documents.

On pourrait croire que les littératures grecque et romaine nous fournissent des renseignements précieux sur l'histoire des peuples asiatiques. Il n'en est rien pourtant. C'est en vain qu'Eumèle, Simmias, Hésiode, Cadmus, Hécatée, Xanthus, Hellanicus, Charon, Bérose, Thallus, Castor, Dinon et tant d'autres ont, depuis le huitième siècle avant notre ère, écrit de nombreuses relations historiques sur Corinthe, les Samiens, l'Ionie antique, l'Asie, la Perse, l'Egypte, l'Ethiopie, la Libye, la Médie, la Babylonie et la Chaldée ; par un de ces hasards tellement extraordinaires qu'on serait disposé à y voir la main de l'homme, toutes ces œuvres ont été perdues, et nous n'en connaissons aujourd'hui l'existence que par quelques lambeaux de citations ou par quelques mentions de titres rapportés par les auteurs dont les ouvrages ont eu la bonne fortune d'échapper à la destruction.

Comment se fait-il que le temps ait respecté davantage la littérature orientale ? Les *Vedas* et les *Pouranas*, dont l'origine se perd dans la nuit des siècles, nous ont été conservés presque intacts ; nous possédons le *Zend-Avesta* de Zoroastre, l'Ancien Testament, le *Talmud*, les Soutras et la *Grande-Etude* de Confucius, œuvres bien antérieures aux Grecs et aux Romains, et il nous manque des écrits contemporains d'Alexandre ! Un jour viendra peut-être où nous saurons sur qui faire retomber la responsabilité d'un tel vandalisme. Pour moi, l'incendie deux fois répété de la bibliothèque d'Alexandrie ne me paraît pas suffisant pour expliquer la disparition absolue de tant d'œuvres intéressantes.

Sans le déchiffrement des inscriptions, l'Orient demeurerait donc encore pour nous lettre close. Mais la philologie fait chaque jour des progrès, et, peu à peu, elle parviendra à dissiper l'obscurité systématique qui a été faite autour des peuples qui furent nos pères.

L'une des difficultés les plus grandes que rencontre le chercheur dans son œuvre de reconstitution historique, c'est l'absence absolue de chronologie dans les documents anciens. Il semble que l'antiquité n'ait pas même soupçonné l'importance d'une date précise. En général, les événements sont rapportés à tel ou tel règne, à tel ou tel monument. Mais quant à trouver dans l'échelle du temps l'époque du règne ou celle de la construction de l'édifice, il n'y faut pas songer : inscriptions et œuvres littéraires sont muettes à cette égard. Force est donc de recourir à un autre moyen pour arriver à classer les faits historiques. Je n'entrerai pas dans des détails sur les divers systèmes destinés à atteindre ce but; il me suffit de dire ici qu'aucun n'est parfaitement exact et que des erreurs de cent et deux cents ans ne sont point rares ni bien difficiles à commettre.

Nous ne cacherons donc pas au lecteur que les dates que nous plaçons dans l'histoire des peuples africains et asiatiques sont, pour la plupart, sujettes à controverse, et nous l'avertissons que si, après mûre réflexion nous avons cru devoir les adopter, c'est qu'il nous a paru impossible, sans elles, d'apporter de l'ordre dans le chaos historique. D'ailleurs, nous trouvant un des premiers à écrire l'histoire des peuples d'Orient, nous n'avons pas la prétention de faire une œuvre parfaite ; notre but sera atteint si, par ce travail, nous parvenons à augmenter quelque peu le nombre des points de repère qui serviront à guider ceux qui nous succéderont dans l'œuvre ingrate de la recherche du vrai.

Quelques dates cependant paraissent hors de contestation. Les travaux de Mahmoud-Bey, qui placent la construction de la grande pyramide de Gizeh à l'an 3300 avant J.-C., sont acceptés dans le monde savant ; la conquête de l'Egypte par Cambyse serait fixée, par la plupart des chronologistes, à l'an 527 av. J.-C. On s'accorde aussi sur ce point que l'avènement du règne de Psammétik Ier a eu lieu en 654 av. J.-C. C'est là à peu près tout notre bagage scientifique en fait de chronologie ; pour le reste, nous en sommes réduits à des conjectures plus ou moins fondées.

II

Migrations.

A une époque que l'histoire ne fixe pas, mais qui est, selon toute probabilité, antérieure à l'année 2400 av. J.-C., des tribus de race aryenne dominaient tout le pays compris entre Siam et l'Indus, au nord de l'Indoustan. Ces tribus, imprégnées de brahmanisme, s'appelaient *Palis* et leur vaste royaume *Palistan*.

On constate, vers cette époque, plusieurs invasions de ces tribus vers l'Asie Mineure. Suivant en sens inverse la route que prendra plus tard Alexandre, elles descendirent l'Indus, traversèrent l'Iran, gagnèrent Ora, suivirent la côte de la mer Erythrée, passèrent à Pasargarde et enfin arrivèrent à Persépolis où elles s'établirent. Là ils laissèrent un roi du nom de Mah-Abad qui se donna pour prophète, établit le monothéisme, divisa son peuple en quatre castes et lui donna des lois qu'il prétendit avoir reçues de Dieu même.

Poursuivant leur course aventureuse, d'autres Hindous arrivèrent jusqu'à Babylone par Suse, et ils jetèrent les bases de l'empire assyrien. De là ils se répandirent, plus tard, dans toute l'Asie Mineure, en Syrie et en Palestine.

Vers 2080 ils pénétrèrent en Egypte sous le nom d'*Hycsos* ou Pasteurs et ils s'emparèrent de toute la partie basse du pays. Salatis, leur roi, y fonda une race qui régna jusqu'en 1840 av. J.-C. Ce fut pendant ces 260 années de domination arabe qu'Abraham le Chaldéen, et plus tard Jacob et Joseph vinrent dans la vallée du Nil. Ahmosis, roi de la haute Egypte parvint cependant à chasser les Pasteurs et il en réduisit un grand nombre en esclavage. C'est ce qui explique comment les Hébreux, fils des Hycsos, se sont trouvés esclaves en Egypte à l'époque de Moïse.

Un grand nombre d'autres migrations aryennes eurent également lieu, à ces époques reculées, par le Nord, vers la Scandinavie, où nous retrouverons, dans les institutions demeurées debout, les traces de leur passage et, par l'ouest, jusqu'en Ethiopie.

Les livres sanscrits ont conservé le souvenir de cette dernière invasion. Il y est dit, en effet, qu'un chef des Yates quitta l'Inde avec ses tribus et qu'il vint fonder le royaume de *Yatoupaan* (Ethiopie). De là ils se répandirent en Egypte où ils s'établirent dans le haut pays, cherchant toujours à s'étendre en suivant la vallée du Nil, et finissant par dominer jusqu'à la Méditerranée.

III

Inde.

Riche entre toutes, une contrée semble avoir été créée pour fournir à tous les besoins de l'homme primitif. Lors même que les découvertes de la science ne viendraient pas chaque jour confirmer que c'est là le berceau de l'humanité, la douceur de son climat, sa luxuriante végétation, la variété infinie de ses productions, qui ne demandent rien au travail ni à la science, suffiraient pour nous convaincre que c'est dans cet Eden que l'homme, ayant rencontré le plus grand nombre de circonstances favorables, s'est développé sous tous ses aspects avec le plus de rapidité. L'Inde, en effet, fournit spontanément le coco, la figue, la banane et une multitude d'autres fruits les plus savoureux qui assurent la subsistance des peuplades pastorales. L'ébénier, le bambou, le santal forment, en s'entrelaçant, des abris impénétrables aux rayons du milieu du jour. Si loin que la vue puisse s'étendre, ce ne sont que forêts, montagnes boisées, grasses vallées parcourues par de larges fleuves, plaines que le moindre travail peut rendre productives et qui, en attendant, nourrissent grassement les troupeaux de brebis et de chèvres du Thibet. Partout la vie se présente sous ses aspects les plus séduisants et les plus poétiques. Ce sont des bêlements harmonieux que l'écho répète, des cris joyeux d'oiseaux au plumage multicolore, des éléphants à l'aspect calme qui se suspendent à la feuille du pandanus, des troupeaux de daims et de gazelles qui galopent sur les hautes cimes, des couples de bœufs et de vaches ruminant à l'ombre ou paissant au fond des vallées plantureuses.

Comment s'étonner que l'Arya, berger et contemplatif, ait tourné ses regard et ses pensées vers cette nature luxuriante qui allait au-devant de tous ses désirs et qu'il en soit arrivé à la diviniser? Le contraire pourrait plutôt nous surprendre.

La religion de Manou révélée par Dieu même fut donc panthéiste en ce sens qu'elle divinisa les objets de la nature, les globes célestes, etc.; mais elle fut en même temps monothéiste, en ce sens qu'elle admit un principe qui gouvernait l'univers et qui n'avait ni commencement ni fin, principe tellement au-dessus des conceptions humaines que les livres sacrés renoncent à le définir.

L'époque à laquelle vivait Manou se perd dans la nuit des temps; toutefois, les Védas, qu'on lui attribue, remontent certainement à la plus haute antiquité. La langue sanscrite, employée pour leur rédaction, a servi de type à toutes les langues de l'Europe qui, toutes, y peuvent retrouver leurs racines.

Il n'est donc pas téméraire de supposer qu'en 2400 av. J.-C. alors que nous avons constaté les migrations aryennes vers la Perse et l'Asie Mineure, déjà les Aryas, possédant les Védas et l'idiome sanscrit, étaient arrivés à un point avancé de civilisation. Quand on songe aux difficultés sans nombre que rencontre le développement intellectuel placé dans un milieu primitif, on n'est plus surpris que la tradition hindoue attribue à la race aryenne des millions d'années d'existence.

Au reste la science moderne a retrouvé la trace de l'homme dans des couches géologiques dont l'âge est bien difficile à déterminer, mais dont la formation est certainement antérieure de plusieurs milliers d'années à la date que la Genèse attribue à la création de l'homme et du monde. Il faut donc nous habituer à cette idée que l'homme a existé sur la terre sitôt que la période de refroidissement a été suffisante pour lui permettre d'y trouver sa nourriture. Toutefois il n'a pu s'y développer qu'avec un concours de circonstances et de milieux exceptionnellement favorables. C'est ce qui nous explique pourquoi nous trouvons dans l'Inde l'Arya arrivé à un point de civilisation considérable, alors que dans le reste du monde les autres races languissent impuissantes en se débattant contre une nature moins prodigue.

Or, comme les peuples nouveaux imitent toujours ceux qui les ont précédés, c'est dans l'Inde qu'il nous faudra chercher les origines linguistiques, historiques, religieuses, philosophiques, morales et artistiques des Perses, des Assyriens, des Phéniciens, des Chaldéens et des Egyptiens. Et si, à ce premier travail, nous ajoutons l'étude des circonstances historiques et climatériques qui ont dû nécessairement modifier les caractères de ces peuples, nous pourrons détacher dans la langue, l'histoire, les religions, les philosophies, les arts ce que chacun d'eux y a apporté d'originalité propre. La civilisation indienne ne nous apparaîtra plus alors comme un tout complet qui se transmet intact d'une nation à l'autre, mais comme un immense trésor varié où chacune puise les richesses qu'elle veut s'assimiler. On le voit, les traditions perdront ainsi de leur caractère d'absolutisme, et, pour être des imitateurs, les Perses, les Assyriens, les Chaldéens et les Egyptiens n'en seront pas moins des novateurs sur bien des points. Au reste, je ne crois pas qu'il soit possible d'arriver à la connaissance de la vérité, qui est notre but, sans tenir compte aussi bien des données de l'histoire que des temps et des milieux propres à chaque société.

CHAPITRE IV.

ASSYRIE ET CHALDÉE SOUS LES ARYAS ET LES ÉGYPTIENS.

I. *Coup d'œil général.* — Tribus aryennes. — Nemrod et Assur. — Aspect d'une ville assyrienne. — D'où provient la grandeur du peuple assyrien. — Priorité de la science astronomique.
II. *Babylone et Ninive.* — Les Khouschites autochtones. — Invasion aryenne, les Palis. — Fondation de Babylone et de Ninive. — La tradition divinise les fondateurs de ces cités. — Premiers rois aryas. — Uruck. — Domination égyptienne. — Téglath-Phalasar Ier.
III. *Bab-llou.* — Temples assyriens. — Inscription de Rawlinson. — L'écriture cunéiforme vient des Aryas.

I

Coup d'œil général.

La contrée qui est située sur les deux rives du Tigre et de l'Euphrate, et qui comprend la Chaldée ou Babylonie, la Susiane, l'Assyrie, la Mésopotamie et la Syrie, dut être colonisée dans les temps les plus reculés. Pourtant, à notre avis, elle ne fut habitée que longtemps après l'Inde et même l'Egypte. En effet ce pays ne présente guère, excepté à l'embouchure du Tigre et de l'Euphrate, que de vastes plaines peu propres à la période pastorale ; la chaleur y est extrême, et, sauf en Babylonie, l'eau manque en général pour les prairies naturelles. Les tribus qui s'établirent là furent donc des tribus guerrières qui étaient bien aises de commander la route de Memphis à l'Inde en passant par Thapsaque, Babylone, Suse et Persépolis.

Nous inclinerions donc à croire que la civilisation égyptienne précéda de beaucoup celle de l'Assyrie, par cette raison que la terre de Kémé avait le Nil, dont les débordements périodiques ont pu suffire aux premiers besoins des habitants autochtones. Pourtant, comme nous ne trouvons en Egypte qu'un petit nombre de monuments de sa civilisation avant l'invasion des Hycsos, nous nous arrêterons momentanément en Assyrie, tout en faisant nos réserves au point de vue de l'antiquité des peuples qui l'ont habitée.

On place la fondation de Babylone vers l'an 2234 avant Jésus-Christ. Il est probable qu'à cette époque la reine de l'Orient ne fut qu'une place de guerre où les Khouschites, sous les ordres de Nemrod, parvinrent à dominer. Bérose nous dit, en effet, qu' « il y
» eut d'abord à Babylone une quantité considérable
» d'hommes de nations diverses qui avaient colonisé
» la Chaldée. » Quoi qu'il en soit, les autochtones ne tardèrent pas à sortir de Babel, d'Erech, d'Accad, de Chalané pour aller, sous les ordres d'Assour, fonder Ninive, Resen et Chalah, vers le nord. Voilà à peu près tout ce que les livres antiques nous apprennent des deux grandes villes assyriennes qui ont fait la

gloire de tant de rois, et qu'il faut aujourd'hui aller chercher sous la poussière du désert.

Même au temps de leur splendeur, ces vastes cités étaient loin de ressembler à nos villes modernes. Qu'on se figure deux ou trois murailles continues et parallèles, affectant chacune la forme carrée. La première enceinte embrasse un espace de 250 à 300 hectares de superficie sur lesquels se trouvent disséminés d'immenses palais, des forteresses, des temples à étages, des obélisques, des maisons isolées ou par groupes; le tout entouré d'espaces immenses ménagés au milieu et servant à la culture, au moyen d'arrosages qui permettent de recueillir deux récoltes dans l'année. Songez que ces palais, où s'étale le faste le plus insolent, peuvent contenir jusqu'à quinze mille serviteurs, que le nombre d'appartements est en rapport avec ce personnel, que toutes les constructions sont en pisé recouvert de briques cuites, qu'il n'y a pas de fenêtres, que les toitures sont en voûte de toute forme et de tout caractère, se fondant dans un ensemble gracieux; que les cours sont dallées soit en pierres taillées, soit en briques reliées par le bitume; que tous les murs intérieurs sont plaqués de briques recouvertes de stuc, d'émail ou de peintures à fresque; que très probablement des tapis moëlleux recouvrent partout la terre battue et durcie; que le fer, l'or, le plomb, le bronze sont employés et prodigués dans la demeure des rois; que les salles sont réunies entre elles par un nombre infini de couloirs voûtés se coupant à angle droit; qu'il existe, sous les fondations des entrées principales, de petits barils cylindriques en terre cuite, où chaque monarque a mentionné en écriture cunéiforme les grandes actions de son règne, ses conquêtes, ses pillages, l'énumération des dépouilles, les noms de ses tributaires, ses invocations et ses demandes de postérité; que chacune des briques cuites employées dans l'édifice porte à son centre des inscriptions pareilles obtenues sur l'argile, avant sa cuisson, au moyen d'un moule en relief; que les grandes cours intérieures où la voûte ne peut pas être employée, à cause de leur étendue, sont couvertes de poutres de cyprès lamées d'or sur lesquelles se déploie un *velum* fait avec des peaux cousues ensemble; que devant les grandes entrées se trouvent de véritables allées de lions et de taureaux de pierre, monolithes dont quelques-uns atteignent le poids de quarante mille kilos : et l'on aura une idée à peu près exacte de la magnificence de Babylone et de Ninive.

On le voit, ces vastes cités n'étaient que d'immenses camps retranchés où ces rois pillards venaient se reposer des fatigues de la guerre au milieu des délices du luxe et de la mollesse.

Si maintenant on réfléchit qu'à part l'agriculture les inscriptions cunéiformes de l'Assyrie ne font mention d'aucune industrie spéciale aux peuples qui l'habitaient; que les matériaux employés, sauf l'argile, proviennent tous de l'Inde ou de l'Egypte; que les innombrables populations qu'à la suite de leurs expéditions les monarques assyriens emmenaient en esclavage étaient seules chargées de la culture et de l'édification des villes et palais, on n'aura pas de peine à comprendre qu'une grandeur pareille n'a pu être obtenue qu'aux dépens des nations voisines, et qu'il faut, par conséquent, que ces nations voisines, pour posséder des architectes, des astronomes, des ingénieurs, des agriculteurs, des mécaniciens, employés comme esclaves, soient déjà fortement policées.

Aussi tout porte à croire que l'observation des astres commença en Egypte longtemps avant l'invasion des Pasteurs, et que ce n'est guère qu'à cette époque que les Chaldéens en eurent connaissance. En tout cas il n'est pas probable que des tribus pillardes, nomades et tracassières, toujours en guerre avec leurs voisins, aient eu le loisir de cultiver l'astronomie. Il nous paraît plus logique de penser que l'Egypte leur a encore fourni non seulement les éléments de cette science, mais encore les hommes qui travaillaient dans leurs observatoires. Les dix-neuf cents années d'observations astronomiques que Callisthène envoya de Babylone au précepteur d'Alexandre pourraient donc ne pas être une fable; rien ne s'oppose à ce que quelque successeur de Nemrod ait chargé un Egyptien esclave du soin de la science céleste.

Toutefois il est certain que l'astronomie fit de rapides progrès en Chaldée, et que cette nation ne tarda pas à devenir savante dans cet art auquel elle a donné son nom. Aristarque de Samos nous apprend, en effet, que les savants chaldéens n'ignoraient point que c'était le soleil et non la terre qui occupait le centre du système planétaire, et que la terre et les autres planètes roulaient autour de lui en décrivant des orbes différentes. Mais ce qui a pu être vrai vers le dixième siècle, moment de la spelndeur de l'empire assyrien, n'était certainement pas exact (et j'ai dit pourquoi) deux mille cinq cents ans avant notre ère, quand nous pouvons déjà constater chez les Egyptiens des connaissances astronomiques positives. Ainsi donc il importe peu que ce soit en Chaldée ou en Egypte que l'on ait inventé le zodiaque, car on ne peut tirer de ce fait aucune conclusion relativement à la priorité de l'astronomie dans l'une ou l'autre de ces contrées. Une chose est hors de doute : c'est que la pyramide de Chéops a été orientée de façon à ce que les rayons de l'étoile Sirius (consacrée à Thoth Anubis) tombassent perpendiculairement à la surface méridionale trente-trois siècles avant notre ère ; et ce fait seul, à défaut des autres preuves, suffirait pour nous permettre de conclure en faveur de l'Egypte.

II

Babylone et Ninive.

J'ai déjà dit que l'histoire des pays asiatiques nous a été en partie révélée par les inscriptions cunéiformes ; voici, en résumé, ce que je suis parvenu à éclaircir.

A une époque qu'il nous est impossible de fixer, des Arabes de race khouschite, vivant en tribus séparées par de grands intervalles, occupaient en Asie tout l'espace compris entre la Méditerranée et la mer d'Arabie (Erythrée). Ils devaient vivre à l'état sauvage, car l'histoire en a à peine conservé le souvenir, et ils n'ont laissé aucun monument de leur civilisation. Etaient-ils pasteurs? Cela est probable. Etaient-ils autochtones, ou bien avaient-ils remplacé les habitants primitifs de ces contrées? Nous ne pouvons le dire.

Quoi qu'il en soit, cette première période khouschite fut remplacée par la période aryenne (2400-1559). Une invasion de Palis, qui habitaient le Palistan au N.-O. de l'Inde, se répandit, vers 2400 avant J.-C., tout le long de l'Indus, de la mer d'Arabie et du golfe Persique, en Chaldée, en Mésopotamie, en Syrie et un peu plus tard en Egypte. Le souvenir de cette migration nous a été conservé par l'histoire. Les traditions indiennes, éthiopiennes, égyptiennes et grecques sont unanimes à cet égard. Des tribus d'Aryas s'arrêtèrent à divers points de ce parcours et s'y établirent au gré de leur caprice, et c'est autour de ces stations que se formeront plus tard, et à des temps divers, les royaumes de Bactriane, de Perse, de Susiane, de Chaldée, d'Assyrie, de Mésopotamie et d'Egypte. Les chefs khouschites furent renversés, et les rois aryochaldéens s'établirent en Babylonie où ils fondèrent Babylone vers 2233.

« Alors toute la terre avait un même langage, » nous dit la Genèse. « Or il arriva qu'étant partis
» d'Orient, ils trouvèrent une campagne au pays de
» Sinhar où ils habitèrent. Et ils se dirent l'un à l'au-
» tre : Or ça, faisons des briques, et les cuisons très
» bien au feu. Ils eurent donc des briques au lieu de
» pierres, et le bitume leur fut au lieu de mortier.
» Puis ils dirent : Or ça, bâtissons-nous une ville et
» une tour de laquelle le sommet soit jusqu'aux cieux,

» et acquérons-nous de la réputation, de peur que
» nous ne soyons dispersés sur toute la terre » (Genèse, ch. XI).

Et plus haut (Gen., ch. X, v. 8) : « Cus engendra
» aussi Nimrod qui commença d'être puissant sur la
» terre. Il fut un puissant chasseur devant l'Eternel...
» et le commencement de son règne fut Babel, Erec,
» Accad et Calné au pays de Sinhar. De ce pays-là
» sortit Assur, et il bâtit Ninive et les rues de la ville
» et Calah et Resen. »

Nimrod et surtout Assur sont devenus des dieux pour leurs descendants, et les inscriptions cunéiformes nous montrent à chaque instant ces fondateurs des deux grandes cités assyriennes comme protégeant les villes où leur culte est établi et comme présidant aux victoires et aux armées. C'est à Assur que les monarques assyriens s'adressent de préférence pour obtenir une postérité nombreuse. Sarkin l'appellera plus tard « le père des dieux, le plus grand souverain des dieux et des astaroth qui habitent l'Assyrie. » Nemrod (Bel-Nipru) paraît moins souvent dans les inscriptions. Il semble que l'on ait pour lui une adoration moins effective.

Les premiers rois de Babylone dont on ait pu retrouver les traces portent tous des noms indiens. Ce sont Sagaraktiyas, qui adorait le soleil et Annonit ; il construisit un temple sur l'emplacement où la tradition rapportait que Xissuthr avait caché, lors du déluge, les écritures concernant l'histoire des premiers hommes et la cosmogonie des dieux ; ce temple aurait été, plus tard, détruit par Zaboum, — Naram-Sin, son fils, lui succéda. On ne sait absolument rien sur ce monarque. C'est vers cette époque qu'il faut probablement placer les noms des rois Ummizirriti, Agurabi, Abi....., Tassigurrubar de la race de Zugamuna, et enfin, vers 2064 : Agu, « roi de Babylonie, de » Kassu, d'Akkad, de Padan, d'Alman, de Guti ou Goïm (nations), » que M. Georges Smith vient de retrouver dans les fouilles qu'il a entreprises l'an passé autour de Ninive. Les découvertes de ce savant nous ont appris qu'Agu restaura le temple de Bel, et qu'il reprit sur les Assyriens du N.-E. les images de Merodach et de Ziribanit ou Zarpanit qui avaient été transportées à Hany.

Vers 1900 un prince puissant domine la Chaldée ; il a nom Uruck, « lumière du soleil. » Ovide nous le représente comme le septième de la dynastie. Il adorait le soleil, la lune et le firmament. Il dut être conquérant, mais il fut assurément constructeur, car son nom se retrouve dans les inscriptions d'un grand nombre de lieux différents. Il avait fait élever un temple à Bélus et semble avoir eu pour ce dieu un culte tout spécial. Il ne serait pas impossible que ce fût Uruck que la fable a appelé Ninus fils de Bélus, et auquel elle a attribué des aventures étranges.

Pendant trois cents ans après Uruck l'histoire assyrienne s'obscurcit à Babylone. Nous n'avons retrouvé, sans pouvoir en fixer la date d'une façon précise, que le nom de trois rois aryas : Kourigalzou (1600?), fils et successeur de Pournapouriyas, qui construisit une forteresse pour se défendre contre la race d'Assur (Ninivites), et Hammourabi, qui réédifia un temple bâti par Uruck et qui creusa le canal intérieur de Babylone.

De Ninive, durant cette longue période, il nous reste à peine deux noms : Ismidagan, qui régna sur Ninive vers 1951 et qui parvint à réunir sous sa domination la Syrie et la Chaldée, et Samat-vul, son fils, qui lui succéda.

A partir de la fin du dix-huitième siècle avant notre ère (c'est à peu près l'époque où Hammourabi régnait sur Babylone), une obscurité de plus de cinq siècles couvre l'histoire de l'Assyrie. C'est qu'en effet pendant cette longue période de temps, toute la partie centrale de l'Asie était tombée sous la domination des rois d'Egypte. Déjà, depuis plus de cent ans, les Pasteurs ou Hycsos, chassés de la terre de Kémé, avaient permis à Amosis, à Aménophis et à leurs successeurs de réparer les désastres causés par une invasion arabe qui avait duré près de trois cents ans (2080-1800). Thouthmès Ier, désormais maître de la haute et basse Egypte, tourne ses armes contre l'Asie centrale; Thouthmès II l'imita, et Thouthmès III s'empara de Babylone et de Ninive.

C'était le moment de la splendeur égyptienne caractérisée par les noms de Rhamsès (Sésostris) et Amenophis ou Bélus. Trois cents vaisseaux égyptiens couvraient les mers du nord et de l'orient; la Phénicie, l'Arménie, Babylone, Ninive, la Perse et l'Inde entretenaient un commerce très actif avec Méroé et Memphis. Les marchandises arrivaient à la fois par les routes de terre et par les deux mers, d'où les caravanes et le Nil les transportaient à Memphis où toutes les nations se pressaient pour faire les échanges.

Cependant sous Séti Ier, vers 1450, l'Assyrie essaie de se révolter ; mais elle fut promptement réduite à l'obéissance, et le monarque égyptien put encore, avant de mourir, s'occuper de construire les temples et palais qui font sa gloire.

Les Rhamsès maintinrent pendant tout leur règne leur domination en Asie.

Il est probable cependant qu'après Rhamsès III la Syrie, la Palestine, la Thrace, la Perse et l'Assyrie purent reconquérir un instant leur indépendance ; car nous voyons, vers le milieu du treizième siècle, le monarque assyrien Téglath-Phalasar Ier, régner en paix sur une partie de l'Asie. Il est vrai que le roi égyptien Sheschonk, vers le milieu du dixième siècle, fit une tentative pour reprendre les pays asiatiques qu'avaient possédés ses prédécesseurs. Il entra même en Palestine, où il détruisit Jérusalem ; mais déjà l'Egypte était trop faible pour pouvoir conserver ses conquêtes. Elle rentra donc dans ses limites naturelles, où cent cinquante ans plus tard Sennachérib, à la tête des Assyriens, ira lui faire expier le long esclavage de ses ancêtres.

Avant de passer, dans l'histoire d'Assyrie, à la période arabe (1559-626) sur laquelle nous pouvons fournir quelques renseignements plus précis, qu'il nous soit permis de rectifier le passage de la Genèse relatif à la tour de Babel et à la confusion des langues.

III

Tour de Babel ou Bab-Ilou.

Nous avons déjà dit que toutes les tribus de race aryo-arabe adoraient la nature céleste, le soleil, la lune, les planètes, les étoiles. A chacun de ces astres elles avaient attribué certains noms, certains pouvoirs, certaines qualités auxquels ne tarda pas à s'attacher un culte spécial. Les temples où se faisaient les sacrifices et où les hommages étaient rendus aux dieux avaient la forme de pyramides à gradins. Il y avait ordinairement sept gradins ou étages, et c'était spécialement sur le dernier que l'on offrait le sacrifice. Des chambres intérieures étaient ménagées dans le massif de la construction; elles servaient de magasins pour le dépôt des trésors volés sur les peuples voisins, et de lieux de sépulture aux monarques. Plus tard ce fut dans ces chambres que se rendirent les oracles de cette science cabalistique à laquelle la Chaldée se livra avec tant d'ardeur.

Une de ces tours à étages fut construite dès les premiers temps de la domination aryenne, non pas à Babylone, comme le dit la Bible, mais dans la ville de Borsippa, distante de quelques stades de la grande cité. Les deux barillets de Rawlinson trouvés à Nimroud et portant l'inscription de Nabuchodonosor, ne laissent point de doute sur ce point que la fameuse tour de Babel de la Genèse fut élevée à Borsippa ou Barsip, nom qui signifie : « confusion des langues. »

Voici l'inscription ; c'est Nabuchodonosor qui parle :
« Un roi antique le bâtit (il s'agit du temple des Sept
» lumières de la terre). On compte de là quarante-
» deux vies humaines, dit, dans son inscription, le
» Sauveur qui prêtait l'oreille aux injonctions du dieu
» suprême ; mais il n'en éleva pas le faîte. Les hom-
» mes l'avaient abandonné depuis les jours du dé-
» luge, en désordre proférant leurs paroles. Le trem-
» blement de terre et le tonnerre avaient ébranlé la
» brique crue, avaient fondu la brique cuite des re-
» vêtements ; la brique crue des massifs s'était ébou-
» lée en formant des collines. Le grand dieu Mero-
» dach a engagé mon cœur à la rebâtir ; je n'en ai pas
» changé l'emplacement, je n'en ai pas altéré les fon-
» dations, etc. » Toutefois la Bible nous dit (Genèse,
ch. XI, v. 8) : « Ainsi l'Eternel les dispersa de là par
» toute la terre, et ils cessèrent de bâtir la ville ; c'est
» pourquoi son nom fut Babel, car l'Eternel y con-
» fondit le langage de toute la terre, » et cela parce
qu'en hébreu Babel dérive de *Balah*, « confusion ; »
mais en assyrien *Babel* ou *Bab Ilou* signifie seulement
« porte de Dieu. »

Ainsi donc il faut croire que lorsque fut écrite la
Genèse le temps avait déjà corrompu les faits et altéré
le langage. Moïse, en effet, vivait pour le moins trois
cent cinquante ans après les événements dont il s'agit.
Ceci nous porterait à penser que Moïse n'avait pas de
documents authentiques lorsqu'il écrivait son Pentateuque, et qu'il n'était guidé que par la tradition et
le souvenir de ses études dans le palais des rois
d'Egypte.

Une autre conséquence de l'inscription de Rawlinson est celle-ci : Que déjà dix-huit cent cinquante ans environ avant notre ère les Assyriens possédaient une écriture, puisque Nabuchodonosor constate que « le » Sauveur, qui prêtait l'oreille aux injonctions du dieu » suprême, dit, *dans son inscription*..... » Ce point a une importance capitale, en ce sens que nous savons maintenant, d'une façon certaine, que ce sont les migrations aryennes qui ont apporté en Asie occidentale les premières notions de l'écriture cunéiforme.

Ainsi donc jusqu'ici tout s'accorde pour faire descendre la civilisation des contrées comprises entre les quatre mers du grand foyer indien. Le doute n'est plus possible aujourd'hui, et ce que le siècle dernier avait déjà deviné par le raisonnement, le nôtre l'a confirmé par les faits.

CHAPITRE V.

ASSYRIE ET CHALDÉE SOUS LES ARABES.

I. *Ténèbres dissipées.* — Amoindrissement de l'élément aryen, prédominance de l'élément arabe à partir du seizième siècle av. J.-C. — Période arabe. — Salmanasar. — Téglath-Phalasar Ier (1250). — Assur-nasirpal. — Assur-Likhouz, Sardanapale (788). — Belpatis-Assur ou Sarkin ou Sargon (719-713); la ville d'Hisr-Sarkin. — Assar-Haddon (680-668), apogée de la civilisation assyrienne. — Assur-Nanipal (668-660) et sa bibliothèque. — Chiniladan ou Nabuchodonosor (604-586), destruction de Jérusalem, captivité de Babylone. — La Médie, Déjocès et Phraortes. — Destruction de Ninive et de Babylone, Nabonid (555-538), Balthasar. — L'Assyri sous la domination des Perses.

I

Ténèbres dissipées.

La période qui, en Assyrie, suit l'occupation égyptienne est encore pleine de ténèbres. Toutefois, dès le seizième siècle, on peut constater l'amoindrissement de l'élément aryen; il semble que la race kouschite ou arabe ait pris le dessus, soit que les Aryas aient disparu pour aller coloniser l'Europe, soient qu'ils aient perdu le pouvoir et soient maintenant confondus dans les rangs du peuple assyrien.

Quoi qu'il en soit, l'état des fouilles exécutées en Chaldée ne nous permet encore que de citer quelques noms de rois de la période que nous avons appelée arabe (1559-626). C'est d'abord un Salmanazar, « vice-roi d'Assur, roi des nations, » qui porta ses armes jusqu'aux sources du Tigre; un Tugulti-Ninip dont les exploits contre Nazzi-Murudas, roi de Babylone, viennent d'être découverts par M. Georges Smith dans les travaux que ce savant a exécutés à Nimroud (Calah). Ces deux princes régnèrent très probablement vers la fin du treizième siècle avant J.-C.

En 1250 règne Téglath-Phalasar Ier. Les inscriptions nous ont appris que ce prince releva un temple construit par Ismidagan qui régnait à Ninive en 1951. Il parvint à chasser les Egyptiens et à mettre sous sa domination une partie de l'Asie. Roi éminemment constructeur, il a laissé des temples placés sous l'invocation des dieux Ishtar, Bel, Il, Anu, Iva et Assur.

Enfin citons Muttaggil-Nusku, qui vivait au douzième siècle, Salmanasar III (1060), Houlikhous (?), Téglath-Samdam (929-923), pour arriver au féroce Assur-Nasirpal, ce roi « dont la figure s'épanouis-
» sait sur les ruines et qui trouvait sa satisfaction
» dans l'assouvissement de son courroux, » et à Salmanasar V (899-870), qui acheva le temple de Nin, commencé par son père, et qui semble avoir donné quelque impulsion à l'art assyrien.

Houlikhous III (851-822) épousa la reine Sammouramit. Est-ce la Sémiramis épouse de Ninus, le vainqueur de Zoroastre, roi de la Bactriane ? Nous ne le savons pas.

En 788, un roi du nom d'Assur-Likhous règne sur l'Assyrie ; c'est celui que les écrivains profanes ont appelé Sardanapale. C'est sous son règne que Ninive fut prise et détruite une première fois. On prétend que Cyaxares put déchiffrer sur une colonne du tombeau de ce prince cette curieuse inscription : « J'ai
» régné, et tant que je voyais la lumière du soleil je
» buvais, je mangeais, je me livrais à l'amour, sa-
» chant que la vie est courte, que la fortune est
» changeante, et que si je ne jouissais de ces biens,
» d'autres après moi en jouiraient. C'est pourquoi pas
» un moment de ma vie n'a été employé autre-
» ment. »

Après avoir noté un Téglath-Phalasar, qui régna de 741 à 738, un Salmanasar VII, qui détruisit le royaume d'Israël, arrivons à Sarkin ou Belpatis-Assur (719-713). Après la mort de Salmanasar VII, Belpatis-Assur fut nommé tuteur de son fils Ninipilonya ; mais se sentant soutenu par son armée, il n'hésita pas à s'emparer du trône sous le nom de *Sarkin*, qui, dans les langues orientales, signifie « roi établi. » Ce prince usurpateur conquit tous les peuples compris entre la mer du levant et la mer du couchant. Il a laissé un peu partout des traces de ses victoires. On a retrouvé une de ses statues en Chypre. Les nombreux temples qu'il a élevés nous apprennent qu'il avait une dévotion particulière pour Assur, Nebo, Merodach, Nisroch, Sin, Samas, Ao, Ninip et leurs épouses. La Bible l'appelle Sargon.

C'est lui qui fit construire la ville d'Hisr-Sarkin et le palais d'Hekab-Sarkin, dont les magnificences, remises au jour par M. Place à Khorsabad, nous laissent remplis d'étonnement. Il avait attiré à sa cour les sages, les docteurs et les prêtres, et il faisait instruire, dans son propre palais, les fils d'Assyrie « dans l'art de prendre du butin et dans la crainte de Dieu et du roi. » Son ambition avait été de remplacer Ninive par Hisr-Sarkin ; mais Sennachérib, son fils (713-660), qui lui succéda, préféra relever Ninive.

Assar-Haddon (680-668) marque l'apogée de la puissance et de la civilisation assyriennes. Il se donne sur les inscriptions le titre de « vicaire de Babylone, roi d'Egypte, de Méroé, de Kousch et roi d'Assyrie. » C'est pendant ce règne que l'art assyrien est arrivé à sa plus haute perfection. Vingt-deux rois de Syrie étaient ses tributaires. On voit qu'à cette époque l'Egypte, conquise en partie par Sennachérib, était tout à fait passée sous la domination assyrienne.

Assur-banipal, son fils (668-660), paraît s'être adonné aux lettres ; il conserva les salles des archives créées par son père et son grand-père et établit dans son palais de Ninive une bibliothèque publique. Les livres étaient formés par des briques superposées et numérotées portant des caractères imprimés sur les deux faces. Les restes retrouvés de cette bibliothèque originale embrassent une quantité considérable de sciences, témoins irréfutables d'une grande civilisation. C'est ainsi qu'on a reconnu des traces de « grammaire, de lexiques, de dictionnaires, de droit, de chronologie, d'histoire, de géographie, de statistique, de mythologie, d'astronomie, d'arithmétique et d'observations astronomiques. » On a aussi la preuve que la table de multiplication était connue dès cette époque, et c'est probablement là que Pythagore la vit pour la première fois.

Nabopolassar (625-604) épousa l'Egyptienne Nitocris, qui fit construire les quais de Babylone.

Nabuchodonosor (604-586) lui succéda ; c'est celui que les auteurs appellent indifféremment Sarac, Sardanapale, Chiniladan. On sait que c'est lui qui, en 588, mit fin au royaume de Juda en pillant, détruisant et brûlant par trois fois Jérusalem et en transportant ses habitants à Babylone, où ils allaient commencer cette période de captivité devenue célèbre.

Mais un peuple nouveau se levait. La Médie, autrefois soumise à l'Assyrie, avait secoué son joug sous Assar-Haddon (709). Déjocès, le chef du mouvement séparatiste, parvint à se faire élire roi et sut si bien discipliner son peuple qu'il put agrandir son royaume aux dépens de l'Assyrie. Phraortes, son fils, continua le cours de ses victoires ; il s'empara de toute la Perse et ne craignit pas de tourner ses armes contre Nabuchodonosor, qui le défit. Cyaxare, fils et successeur de Phraortes, reprit la lutte. Il faisait le siège de Ninive quand il apprit que les Scythes avaient envahi la Médie. Il alla immédiatement à leur rencontre ; mais il ne put résister aux hordes touraniennes, qui s'établirent dans le pays pendant vingt-huit ans. Cyaxares, sans se laisser décourager, employa ce temps à former de nouvelles armées qu'il disciplina et avec lesquelles il parvint à chasser les Scythes et à s'emparer de Ninive et d'une grande partie de l'Assyrie, portant ainsi un coup terrible au plus grand empire qui eût encore été.

Quant à Babylone, elle ne put offrir une longue résistance. Nabonid (555-538) a écrit sur les barils du temple de Chalanné, consacré à Mylita, les paroles suivantes, qui nous font presque toucher à la destruction de Babylone. « C'est pourquoi moi,
» Nahuna-id (« Nebo me protège »), roi de Baby-
» lone, moi qui ai péché contre la grande divinité,
» sauve-moi, accorde-moi une longue existence. Et
» à l'égard de Bel-sarru-usur (« Bel protège le roi »),
» mon fils aîné (celui que les livres saints appellent
» Balthasar), le rejeton de moi-même, ouvre son
» cœur à l'adoration de ta grande divinité et qu'il
» n'y livre jamais une place au mal. » Le Balthasar dont il s'agit ici est celui qui fut tué dans un festin par Darius le Mède. Nabonid mourut en Carmanie, où Cyrus l'envoya prisonnier.

C'en était fait de l'empire d'Assyrie : ses deux grands boulevards étaient tombés l'un après l'autre sous la domination perse. Cyrus fit de l'Assyrie une satrapie de son vaste empire. La révolte de Nidin-tabel, qui se disait fils de Nabonid, n'eut d'autre résultat que celui de faire raser les murs de Babylone et de faire passer trois mille de ses habitants par le fil de l'épée. Xerxès devait achever la ruine de la grande cité, reine de l'Orient, en pillant ses temples et ses palais. Alexandre, qui, à son tour, s'empara de Babylone, songea bien un moment à rétablir la tour de Bélus ; mais, en voyant la masse des décombres, il renonça à ce travail.

L'empire d'Assyrie avait vécu. Sa destruction fut si complète que les auteurs grecs ne sont même pas d'accord sur la place qu'occupaient Ninive et Babylone. Pendant près de deux mille ans, ces vastes cités ont passé à l'état légendaire ; les poètes nous en ont dénaturé le caractère par leurs inventions ; les religions nouvelles, telles que le christianisme, ont eu intérêt à faire la nuit autour d'elles ; et sans les recherches modernes nous en serions encore réduits, comme au siècle dernier, à mettre en doute jusqu'à l'existence de ce vaste empire d'Assyrie, qui pourtant a exercé en Asie, pendant vingt siècles, une influence si incontestable.

CHAPITRE VI.

PHÉNICIE. — SYRIE. — PALESTINE. — PERSE.

I. *Phénicie.* — Tyr (1455), commerce, influence et rôle de la Phénicie. — Sanchoniathon et son œuvre historique. — Abibal. — Hiram (1013-953). Rapports de ce prince avec Salomon et David. — Balatorus (953-946).

II. *Syrie.* — Pourquoi l'empire syrien n'a été constitué qu'en 300 av. J.-C.

III. *Palestine.* — Motif de la sortie d'Egypte. — Moïse et les miracles. — Vicissitudes des Hébreux. — Les Rois. — Israël et Juda. — Fin du royaume de Juda et d'Israël. — Cyrus. Zorobabel. Esdras.

IV. *Perse.* — Mah-Abad. — Achéménès (644). — Réunion de la Médie à la Perse, Cambyse. — Cyrus en Asie. — Cambyse en Egypte (527). — Fin de l'empire perse, Alexandre le Macédonien.

I

Phénicie.

L'histoire des peuples situés à l'occident de l'Asie semble moins générale à partir de 1559 av. J.-C. Les tribus se sont groupées autour de certains centres ; Babylone et Ninive sont réunies sous la même domination. La race des monarques aryo-chaldéens a fait place à la race arabe. C'est dans ce milieu qu'un pays nouveau surgit, portant avec lui une civilisation toute spéciale. Je veux parler de la Phénicie, qui déjà entretient un commerce très étendu avec l'Egypte et la Syrie et qui bientôt rivalisera par sa capitale avec les splendeurs de Memphis et de Babylone.

Tyr (1455) n'en est pas encore à trafiquer sur l'or, l'argent, l'étain, le plomb, les vases d'airain, les chevaux, les mulets, l'ivoire, l'ébène, les escarboucles, l'écarlate, la broderie, le lin, le blé, l'huile, le miel, le baume, le vin d'Helbon, la casse, le roseau aromatique, les draps précieux, la laine blanche, la pourpre, les coffres, les cordons, les pierres rares, le corail, comme elle le fera sous le règne de Nabuchodonosor (Ez., ch. XXVII); mais déjà ses vaisseaux fouillent la mer intérieure sur la côte septentrionale et sur la côte méridionale. Chaque jour sa puissance s'agrandit, et peu à peu elle soumet et domine les peuples voisins.

Douée au plus haut degré de l'esprit mercantile, elle prend des soldats et des architectes mercenaires partout où elle en trouve; et pendant que ceux-ci l'embellissent et la défendent, elle emploie tous ses enfants à entretenir le commerce avec le monde entier. En même temps qu'elle emprunte aux divers peuples les éléments de leur grandeur et de leur industrie, elle se nourrit de leur civilisation. C'est ainsi qu'elle emprunte l'écriture aux Assyriens, les notions scientifiques et religieuses à Thèbes, à Memphis, à Babylone et peut-être à l'Inde; et peu jalouse des biens qu'elle s'approprie avec tant de facilité, elle les répand à son tour tout le long de la mer d'Arabie et de la Méditerranée. D'après cela, il est facile de comprendre l'influence immense que les Phéniciens durent avoir pendant mille ans, à partir du seizième siècle, sur tout le monde asiatique et européen par l'énorme transit religieux, moral, scientifique et industriel dont ils furent les propagateurs hardis et intelligents.

Quel dommage que l'œuvre de Sanchoniathon, son grand historien, ne nous soit point parvenue! Hélas! les fragments qui nous en ont été conservés ne suffisent pas à écarter l'obscurité qui recouvre les commencements de ce peuple étrange. Il est bien possible que l'historien phénicien ait pris auprès de Jerumbal, sacrificateur du dieu Iao, ce qu'il a dit sur le chaos, la matière et le souffle divin qui l'anime. Mais rien ne nous prouve que Jerumbal, sacrificateur de Iao, soit Gédéon. On sait, en effet, que les noms d'Eloa, de Iao, d'Adonaï, par lesquels les Hébreux ont désigné l'être suprême, étaient honorés en Phénicie et en Egypte avant Moïse, et rien n'empêche que le Jerumbal dont il s'agit ici ne soit un Phénicien. Quoi qu'il en soit de Jerumbal ou de Jerubbahal (Gédéon), il n'en est pas moins vrai que si nous avions le texte complet de Sanchoniathon, nous pourrions assurément apporter quelque clarté sur cette partie importante de l'histoire de la Phénicie et probablement aussi de l'Egypte ; car on sait que son œuvre était en partie tirée des écrits hiéroglyphiques et en partie des anciennes inscriptions de son pays. A défaut de renseignements contemporains, nous nous contenterons des notes sommaires que nous fournissent la Bible et l'historien Josèphe (1).

Un Abibal, qu'il ne faut pas confondre avec celui qui régnait à Béryte et qui était contemporain de San-

(1) **Compte rendu de l'Académie des inscriptions et belles-lettres.**

Séance du 22 janvier 1875, *par* Ferd. Delaunay.

... M. le comte Melchior de Vogüé offre à la commission des inscriptions sémitiques la photographie et l'estampage d'un monument découvert par M. Peretié dans le voisinage de l'ancienne Byblos phénicienne (aujourd'hui Djebel). C'est une stèle faisant aujourd'hui partie du riche cabinet de M. L. de Clercq, député à l'Assemblée nationale. Dans son trajet de Beyrouth à Paris, la stèle s'est arrêtée à Constantinople; M. de Vogüé a pu la soumettre à un rapide examen. Ce sont les résultats de cette étude qu'il communique aujourd'hui à l'Académie...

... La stèle a la forme d'un parallélépipède arrondi en haut; elle est taillée dans un bloc de calcaire du pays; le temps en a profondément altéré la surface. Néanmoins, on distingue encore sur la face antérieure un encadrement peu saillant qui dessine une tablette dont le champ est divisé en deux registres d'inégale grandeur, l'un, supérieur, offrant une scène gravée au trait, l'autre, contenant une inscription phénicienne de quinze lignes. Une cassure ancienne a fait disparaître le premier quart des six dernières lignes.

La stèle représente une déesse assise sur un trône; le style est absolument égyptien, soit comme lignes, soit comme procédé d'exécution. La divinité a le costume, la pose, les attributs d'une Isis-Hathor; elle est vêtue d'une longue robe qui épouse toutes les formes de son corps; les cheveux abondants tombent carrément sur ses épaules, etc... Sa main droite est levée et ouverte en signe de protection et de bénédiction; sa main gauche tient un long sceptre de papyrus. Devant la déesse est un roi debout offrant une libation. Le style et le costume de la figure royale n'ont rien d'égyptien; le personnage est vêtu comme un roi de Perse; il a une barbe longue et frisée, les cheveux bouclés, une tiare basse et cylindrique, une longue tunique talaire, un manteau relevé sur les bras comme dans les bas-reliefs de Persépolis. Le bras droit du roi est levé avec le geste ordinaire de l'adoration, la main étendue en signe de prière; le bras gauche se dirige vers la déesse; et la main, ouverte horizontalement, supporte une coupe basse dont l'anse, tournée du côté de l'idole, semble l'inviter à prendre le breuvage qui lui est présenté...

Voici maintenant la traduction de ce qui a pu être lu de l'inscription : « Je suis » Jekawmelek, roi de Gébal, fils de Jahdibaal, petit-fils de Urimelek, roi de Gé- » bal, race royale que la dame Baalath-Gébal a établie sur Gébal.

» J'invoque ma dame Baalath-Gébal ... et j'offre à ma dame Baalath-Gébal cet » autel de bronze » (suit l'énumération de tout ce qui est offert par Jekawmelek);

choniathon, était roi de Tyr de 1073 à 1013. Son fils Hiram (1013-953) fut celui que le livre de Samuel nous montre entretenant de bons rapports de voisinage avec David, et plus tard avec Salomon. Ce dernier

« car, lorsque j'ai invoqué ma dame Baalath-Gébal, elle a écouté ma prière et m'a
» fait du bien.
» Que Baalath-Gébal bénisse l'arc (?) de Jekawmelek, roi de Gébal, qu'elle con-
» serve la vie (du roi), qu'elle prolonge ses jours et ses années sur Gébal dans un
» règne de justice, et que la dame Baalath-Gébal lui donne ... à la race royale ...
» cette porte sculptée, l'œuvre de cette construction que (j'ai dédiée) à ma dame
» Baalath ... et que la dame Baalath-Gébal le ... lui et sa postérité. »

Selon toute probabilité, la fin mutilée de l'inscription est consacrée aux menaces et aux malédictions proférées contre ceux qui oseraient porter une main sacrilège sur le pieux monument. Le morceau débute comme l'inscription de Mœsa, roi de Moab, comme la seconde partie de celle d'Eschmounasar, roi de Sidon, comme le célèbre chapitre XX de l'Exode, par le pronom de la première personne avec le sens de *Ego sum :* c'est moi qui suis... Le nom royal Jekawmelek signifie : celui que le Seigneur tient en vie. Urimelek, qu'on pourrait peut-être lire Adonimelek, veut dire : celui que le Seigneur réjouit. M. de Vogüé a adopté la leçon Urimelek, parce que ce nom a été porté par un roi de Gébal contemporain de l'invasion de Sennachérib, signalé par M. François Lenormant (*Premières civilisations*, t. II, p. 203 et suiv.) dans les listes des cylindres assyriens. Le nom de la déesse de Byblos, Baalath, apparait pour la première fois dans le texte original ; on ne le connaissait jusqu'ici que par les inscriptions grecques. Les Grecs identifiaient cette divinité tantôt avec Aphrodite (Vénus), tantôt avec Hera (Junon), tantôt avec Dioné...

... Le groupe royal de la stèle ... nous reporte à une époque voisine de la période de la domination égyptienne primitive, ou, du moins, à une époque où la tradition des procédés égyptiens avait à peine été altérée. D'autre part, le costume franchement perse du roi de Gébal abaisse la date du monument jusqu'après les conquêtes de Cyrus. C'est donc probablement dans la première moitié du cinquième siècle (avant notre ère) que vivait Jekawmelek.

Le plus grand intérêt de cette pièce git en ceci, qu'elle est le premier monument original de la grande déesse syrienne dont les mystères, les orgies et les cérémonies fastueuses ont tenu une si grande place dans les préoccupations religieuses de l'antiquité.

Evidemment, sous la forme savante, artistique, extrêmement complexe des mythes égyptiens, sous la forme d'Isis ou d'Hathor, nous n'avons pas l'expression primitive de la divinité chananéenne et locale, mais une traduction altérée par l'influence pharaonique de cette divinité. On sait d'ailleurs que les représentations divines les plus usitées chez les peuples chananéens primitifs consistaient en pierres

avait besoin d'arbres de grosse charpente, à essence résineuse, pour construire ses palais et son temple. Il lui fallait aussi de l'argent et du bronze travaillés pour servir à l'ornementation, du plomb en lingots

noires sacrées ou bétyles, ordinairement coniques, par allusion à la forme du phallus. Bien qu'étant le résultat du contact très ancien de la Phénicie et de l'Egypte, on voit que l'image de la dame de Gébal appartient à une époque de transformation religieuse pour la Phénicie, époque pendant laquelle les doctrines et les croyances nationales se sont plus ou moins habillées à l'égyptienne, comme elles s'habilleront plus tard à la grecque.

Plus commerçants que penseurs, plus habiles ouvriers qu'artistes véritables, les Phéniciens se bornèrent à l'imitation servile des monuments de leurs voisins. Mais l'influence la plus ineffaçable ... fut celle de l'Egypte.

L'époque de la puissance de l'Egypte correspond avec l'ère de la plus grande prospérité commerciale en Phénicie (seize siècles avant notre ère, 18e et 19e dynastie). Alors se forment chez les Phéniciens de grands centres religieux, alors s'élèvent les principaux sanctuaires ; la religion s'organise en même temps que l'Etat ; les vieux symboles naturalistes et mystiques, les bétyles, ne suffisent plus aux aspirations d'un peuple avide de manifestations moins abstraites et de spectacles plus sensibles. Pour satisfaire ces besoins nouveaux, l'artiste et le prêtre travaillèrent sous le patronage de l'Egypte, tout en laissant les anciens types conserver au fond de certains sanctuaires privilégiés leur valeur mystérieuse et exceptionnelle. Ainsi les figures de Ra, de Thoth, de Phtah, servirent à représenter Baal, Eschmoun, Thammouz, et la grande déesse de Gébal reçut les traits d'Isis...

Qu'arriva-t-il ensuite ? Le spectacle continu de ces formes égyptiennes modifia peu à peu les idées ; le symbole réagit sur le mythe ; les légendes de Byblos et d'Abydos en vinrent à se confondre.

Les recherches antérieures de M. de Vogüé sur la religion phénicienne, et en particulier sur la grande déesse que les Grecs appelèrent déesse syrienne, Vénus de Chypre, Vénus Paphienne, etc., nous présentent cette divinité comme une sorte d'hypostase féminine du dieu primordial, la personnification de la force créatrice dans son rôle passif et conceptif. La force créatrice, active, éternelle, se subdivise elle-même en divinités secondaires et locales (Baalim), lesquelles s'unissent aux subdivisions parallèles de l'hypostase féminine, et forment des couples distincts dont la dualité constitue l'unité divine, reflet de l'unité primitive. Compliqué de toutes les notions astronomiques et naturalistes introduites par la contemplation et l'adoration des phénomènes physiques, ce culte finit par se perdre dans les monstrueuses orgies des fêtes d'Adonis et de la déesse de Byblos. Si l'on veut remonter à l'origine de cette doctrine et l'étudier dans sa pureté et sa beauté primitives, il faut s'adresser à l'Egypte...

... Le mémoire de M. de Vogüé et la découverte de la stèle de Gébal feront épo-

pour les scellements des pierres et enfin des navires pour aller chercher l'or à Ophir dans le golfe Persique. Hiram lui envoya des radeaux de cèdres et de cyprès, et il se chargea de lui fournir tous les métaux laminés et les pilotes nécessaires à son expédition, moyennant une rente annuelle en blé, vin, huile et enfin l'abandon, par le roi d'Israël, d'une vingtaine de villes galiléennes qui arrondissaient le pays phénicien.

Nous concluons de là que les Hébreux n'avaient encore aucune industrie en 1013 avant J.-C.; qu'ils vivaient du produit de leurs troupeaux ou de pillages sur les nations voisines; qu'enfin l'agriculture était en enfance, puisque la Bible nous avoue (Sam., liv. I, ch. XIII) que « dans tout le pays d'Israël il ne se trou-
» vait aucun forgeron... C'est pourquoi tout Israël
» descendait vers les Philistins, chacun pour aiguiser
» son soc, son coutre, sa cognée et son hoyau...
» même pour raccommoder son aiguillon. » On com-

que dans la science, parce qu'ils mettent dans un nouveau jour et amènent à l'état de plus en plus certain cette opinion que la religion des mystères, qui constitue dans l'antiquité et dans tous les pays quelque chose comme la doctrine religieuse de l'humanité, est d'origine égyptienne. Ainsi se trouvent confirmées toutes les traditions, souvent contestées, du vieil Hérodote : « Le culte de Bacchus (culte mystérieux et orgiastique par excellence), dit-il, fut institué en Grèce par Mélampe, qui l'avait emprunté au Tyrien Cadmus. » Nous savons aujourd'hui ce que recouvrent ces importations phéniciennes. « Les noms des dieux, ajoute-t-il, nous viennent des bords du Nil... Le plus ancien sanctuaire de la Grèce, puisqu'il remonte à la période pélasgique, ne serait qu'une copie du sanctuaire de Jupiter Ammon, en Libye. Une tradition du sanctuaire de Thèbes, en Egypte, confirme cette opinion, et cette tradition existait encore à Dodone du temps d'Hérodote. » Enfin l'historien, assistant aux fêtes d'Isis, en Egypte, témoin des lamentations que suscite la mort du dieu, se demande : Qui pleure-t-on ainsi ? Et il répond : « Je manquerais à la piété en le révélant. L'initié d'Eleusis a reconnu dans ces rites la célébration des saints mystères des grandes déesses... »

prend ce que devait être le travail de la terre dans de telles conditions.

Une autre conséquence du marché conclu entre Salomon et Hiram' est que les Phéniciens avaient depuis longtemps parcouru le golfe Persique et la mer d'Arabie, puisqu'ils pouvaient fournir un certain nombre de pilotes pour explorer ces parages. Or est-il à supposer qu'arrivés jusqu'à l'embouchure de l'Indus ils n'aient pas, selon leur coutume, remonté ce fleuve avec leurs barques et n'aient pas pénétré dans l'Inde où existait depuis longtemps déjà une riche civilisation et tant de branches d'industrie à exploiter?

Balatorus (953-946) succéda à Hiram. L'histoire ne nous apprend rien sur ce monarque phénicien à nom latin.

II

Syrie.

Quand on sait que les Ammonites, qui sont de race syrienne, avaient, en 1210 avant J.-C., défait les Israélites et possédé leur pays pendant dix-huit ans; qu'ils étaient, du moins autour de Damas, Beth-Rhéob et Tsoba organisés en corps de peuple à l'époque de David, on a peine à comprendre que les Syriens aient mis jusqu'en 300 avant J.-C. pour fonder leur empire. La seule raison que nous puissions en donner est que cette race, serrée entre trois puissants pays : Phénicie, Palestine, Assyrie, et ayant le désert pour dernière limite, a été forcée d'attendre la chute de Babylone et de Tyr pour pouvoir, à son tour, rayonner sur le monde, d'abord par Mabog (Hieropolis), Balbec et Damas, et plus tard par Antioche, Alexandrette et Alep.

III

Palestine.

Nous ne dirons que peu de chose sur la Palestine, dont l'histoire est connue, et qui, d'ailleurs, n'a jamais été un pays de civilisation et d'industrie, même au temps de Salomon. Nous ferons pourtant mention de la race hébraïque quoiqu'elle n'ait, comme nous l'avons dit, exercé qu'une fort petite influence politique sur le monde ancien, par deux raisons : 1° Parce qu'au point de vue religieux elle a eu une importance capitale sur les doctrines chrétienne et mahométane ; 2° parce que l'Ancien Testament nous initie à l'administration, aux usages et aux mœurs des Arabes.

Manéthon, Chérémon, Sysimaque, Diodore de Sicile sont d'accord sur ce point que les Juifs, chassés d'Egypte à cause d'une maladie contagieuse inguérissable, la lèpre, qui les avait envahis, sortirent du royaume sous les ordres d'un prêtre nommé Moïse qui leur donna une religion et des lois. Diodore ajoute que Moïse prétendit communiquer directement avec le dieu Iao. En effet, il n'y a qu'à parcourir l'œuvre du chef hébreu pour se convaincre qu'il tira toute sa puissance de la révélation. S'il préside au culte ou aux cérémonies, s'il administre, s'il légifère, s'il juge ou condamne, ce n'est jamais en vertu de sa propre autorité ; il n'est jamais que le prophète ou porte-parole de Iao, et c'est toujours ce Dieu qui commande par sa bouche.

Après les événements miraculeux d'Egypte, de la mer Rouge, du désert, du rocher et du Sinaï, que tout le monde connaît, Josué passe miraculeusement le Jourdain et s'empare, non moins miraculeusement, de tout le pays de Chanaan qu'il distribue aux douze tribus. Mais à peine les Hébreux sont-ils installés sur la Terre promise, que voici le roi de Mésopotamie qui les tient huit ans en esclavage. Quarante ans après, ils retombent pour vingt ans encore sous le joug des Chananéens et des Moabites ; quarante ans après, ce sont les Madianites, puis les Ammonites, puis enfin les Philistins qui tour à tour les dominent. On sait comment Samson les délivre de ce long esclavage.

Saül, David, Salomon, se succèdent.

Après Salomon, il se forma deux royaumes : Israël et Juda. Israël finit sous Salmanasar VII (721), qui emmena en esclavage la population de Samarie, et Juda, sous Nabuchodonosor (588), qui transporta à Babylone les principaux Hiérosolymites. Les deux révoltes de Jéchonias et de Sédécias ne servirent qu'à faire piller le temple de Jérusalem et raser la ville sainte. Ce ne fut que cinquante-deux ans après que Cyrus (536) autorisa les Juifs, sous Zorobabel et Esdras, à rebâtir la ville et le temple.

N'oublions pas, pour compléter la série des tribulations du peuple de Dieu, que le roi égyptien Sheschonk s'était, sous Roboam (950 ou 971), déjà emparé de Jérusalem.

IV

Perse.

Il nous reste, avant d'aborder l'histoire de l'Egypte, à dire un mot de la Perse, qui est tout à coup venue jouer un rôle si important en Asie.

Nous avons déjà vu qu'une migration indo-arabe avait envahi le pays à une époque très reculée établissant Mah-Abad roi de la contrée. A cette invasion, quelques historiens prétendent que se rattache le nom de Zerdoust (Zoroastre). Nous n'avons pu vérifier le fait. Il est probable que les tribus aryo-arabes, qui occupèrent le pays vers 2400 av. J.-C., vécurent à la façon des autres Arabes, au milieu de guerres continuelles, avec la seule industrie des troupeaux.

Quoi qu'il en soit, l'histoire ne commence à parler de la Perse qu'à l'époque d'Achéménès (654 av. J.-C.).

Cambyse, son fils, qui lui succéda, épousa Mandane, la fille d'Astyages, roi de Médie. De ce mariage naquit Cyrus, qui réunit sur sa tête, par son père la Perse, par sa mère la Médie. Cyrus (599), porta ses armes dans l'Asie occidentale. En 538, il s'empara de Babylone et envoya Nabonid, son dernier roi, en captivité. Il trouva la mort dans la guerre qu'il entreprit contre les Scythes (529).

Cambyse (529-522), lui succéda. Ce monarque étendit encore davantage les conquêtes de Cyrus ; il s'empara de l'Egypte (527), et pénétra en Ethiopie, mais son armée fut ensevelie sous les sables.

Après un interrègne d'un an, Darius, fils d'Hystaspe, fut proclamé roi. A partir de ce moment, l'histoire de la Perse est assez connue pour qu'il soit inutile de la rappeler ici. Arrivons à Darius Codoman (336 av. J.-C.). Ce prince dut le trône à l'eunuque Bagoas qui avait donné la mort à Arsès ; mais il ne put profiter de son usurpation. Alexandre, maître de la Grèce, le défit dans trois grandes batailles et le força de se réfugier en Médie où il fut assassiné par Bessus, gouverneur de la Bactriane (330).

CHAPITRE VII

EGYPTE (1) (2) (3).

I. *Formation*. — Les autochtones, Snewrou. — Chouwou, Shawra,

(1) SUITE DES ROIS D'ÉGYPTE D'APRÈS EUSÈBE.

Ans av. J.-C.	Rois.	Durée.	Ans av. J.-C.	Rois.	Durée.
2365-2175	Thébéens.	190	995	Smédès.	26
2175-2062	Pasteurs.	113	969	Psusennès.	44
2062-1714	Diospolitains.	348	928	Néperchérès.	4
			924	Aménophis.	9
1714	Amasis.	24	915	Osochoris.	6
1690	Chébron.	13	909	Spinacès.	9
1677	Aménophis I.	21	900	Psusennès.	35
1656	Méphrès.	12	865	Sesonchis.	21
1644	Néphramuthosis.	26	844	Osorchon.	15
1618	Thmosis.	9	821	Tachelosis.	13
1609	Aménophis.	18	816	Pétubatès.	25
1592	Orus.	52	791	Osorchon.	9
1540	Acenchrès.	12	782	Psammus.	10
1528	Acoris.	9	772	Bochoris.	44
1519	Cenchrès.	16	728	Sabacon.	12
1503	Acenchérès.	8	716	Sévécus.	12
1495	Acenchérès.	15	704	Taracus Ethiops.	21
1480	Danaüs.	5	684	Merrhès Ethiops.	12
1475	Egyptus.	68	672	Stéphanitès.	7
1407	Amenophis.	40	665	Nécheptos.	6
1367	Zéthus.	55	659	Psammétichus.	44
1312	Rhampsès.	66	615	Néchao.	6
1246	Aménophis.	40	609	Psammus.	12
1200	Aménephté.	26	597	Waphrès.	30
1186	Tuoris.	13	567	Anamasis.	42
1172	17ᵉ dynastie.	177	526	Cambyse (Perse).	106

Menkérès et les Pyramides. — Age des Pyramides. — Ce qu'a coûté la pyramide de Shawra. — Pepi-meri-ra. — Les Ethiopiens dans la basse Egypte. — Le livre de Ptah-hotep, le labyrinthe de Fayoum. — Relations avec l'Asie.

II. *Hycsos* (2080). — Période arabe, conquête de l'Egypte par les Palis ou Hycsos, Salatis, destruction des monuments. — Agriculture en Egypte. — L'Egypte, grenier de l'Asie. — Guerre d'indépendance. — Les Hycsos chassés d'Egypte (1820). — Rois thébains, Taaken, Amosis.

III. *Apogée*. — Le lac Mœris. — Les Thouthmès, conquête de l'Asie. — Guerre religieuse sous Aménophis IV. — Rhamsès Ier, Sésostris (1422), commerce de l'Egypte. — Rhamsès II (1337) et les Hébreux. — Ménephtah, sortie des Hébreux. — L'Asie se rend indépendante, Sheschonk.

(2) TABLE CHRONOLOGIQUE DES ROIS D'ÉGYPTE SELON USSÉRIUS.

1re DYNASTIE.

Ans av. J.-C.		Durée.
2188	Mesraïm (intervalle).	104

2e DYNASTIE, PASTEURS ARABES.

Ils s'établissent à Tanis, forment la 2e dyn. des Tanites, et règnent sur la basse Egypte.

2084	Salatis.	19
2065	Béon.	44
2021	Apachnas.	36 7 mois.
1984	Apophis.	61
1983	Janias.	50 1 mois.
1873	Assis.	49 2 mois.

5e DYNASTIE DES DIOSPOLITES.

Tethmosis, roi de la Thébaïde, qui avait chassé les pasteurs, règne sur la basse Egypte.

1825	Tethmosis ou Amasis.	25 4 mois.
1799	Chébron.	13
1786	Aménophis.	20 7 mois.
1765	Amésis (sœur d'Aménophis).	21 7 mois.
1743	Méphrès.	12 9 mois.
1731	Méphramuthosis.	25 10 mois.
1705	Thmosis.	9 8 mois.
1695	Aménophis.	30 10 mois.

IV. *Déclin.* — Conquête de l'Egypte par l'assyrien Sennachérib (713), révolte de Tahraka, les Assyriens chassés d'Egypte, les Ethiopiens repoussés. — Psammétik. — L'Egypte sous la domination perse, Cambyse (527-404). — Alexandre (332) et les Ptolémées. — Cléopâtre et les Romains (57).

I

Formation.

Dans les résumés que nous venons d'esquisser, on

Ans av. J.-C.		Durée.
1664	Orus.	36 5 mois.
1628	Acenchrès (fille d'Orus).	12 1 mois.
1616	Bathosis (frère d'Acenchrès).	9
1607	Acenchérès I.	12 5 mois.
1594	Acenchérès II.	4 3 mois.
1582	Armaïs.	4 1 mois.
1578	Ramessès.	1 4 mois.
1577	Ramessès-Meiamoun.	66 2 mois.
1510	Aménophis II ou Bélus.	19 6 mois.
1491	Séthosis et Armaïs.	9

Séthosis ou Egyptus chasse son frère Armaïs ou Danaüs, qui s'empare d'Argos, en Grèce.

1482	Séthosis (6ᵉ dynastie, Diospolites).	59
1422	Rhampsès.	66
1357	Aménéphétès.	20
1337	Rhamessès.	60
1277	Amménémès.	22
1268	Thuoris.	7
1269	Néchésos (7ᵉ dynastie, Diospolites).	19
1250	Psammutis.	
	(Inconnu).	
	Certos.	
	Rhampsis.	
	Amensès.	
	Ochyras.	159
	Amédès.	
1184 (Prise de Troie).	Thuoris.	
	Athotis.	
	Cencénès.	
	Uennéphès.	

a pu observer avec quel soin nous écartons tous les faits et les personnages douteux ; maintenant qu'il s'agit de l'Egypte, nous continuerons le même système, et laissant de côté Mesraïm et Ménès nous arri-

1re DYNASTIE DES TANITES OU PRINCES DE TANIS.

Ans av. J.-C.		Durée.
1091	Smerdès.	27
1064	Psusennès I (beau-père de Salomon).	51
1013	Néperchetoès.	4
1009	Aménophis III.	9
1000	Osochoris.	6
994	Spinacès.	9
985	Psusennès II.	7

DYNASTIE DES PRINCES DE BUBASTE QUI CHASSENT LES TANITES.

978	Sésonchis ou Sésac.	21
955	Osorchon I.	
	Tachelosis.	
	(Inconnu).	
	Id.	96
	Id.	
	Id.	
	Id.	
	Id.	

2e DYNASTIE DES TANITES QUI SE RÉTABLISSENT.

858	Pérubatès.	40
818	Osorchon II.	8
810	Psammus.	10
800	Zet.	29

1re DYNASTIE DES SAÏTES OU PRINCES DE SAÏS.

| 771 | Bochoris. | 44 |

DYNASTIE DES ETHIOPIENS

Commencée par Sabacon qui s'empare de la basse Egypte après avoir fait brûler Bochoris vif.

727	Sabacon.	8
719	Sévécus.	14

verons à Snewrou qui commence à appartenir au terrain historique. Il semble que c'est ce prince qui s'empara de la presqu'île du Sinaï et qui y établit une fonderie de cuivre.

Ans av. J.-C.		Durée.
705	Taracus.	18
687	(2 ans d'anarchie).	2
685	Gouvernement de douze personnes.	15

2º DYNASTIE DES SAÏTES QUI REMONTENT SUR LE TRÔNE.

670	Psammétichus.	54
616	Nécos.	16
600	Psammis.	6
594	Apriès.	25
569	Amasis.	44
525	Psamménitus.	6 mois.

DYNASTIE DES PERSES.

Cambyse, roi des Perses, fils du grand Cyrus, s'empare de cet empire et y règne 3 ans.

525	Cambyse II.	3
522	(Les Mages).	1
521	Darius (fils d'Hystaspes).	36
485	Xerxès.	12
473	Artaxerxès Longue-Main.	48
425	Xerxès II et ensuite Sogdianus.	
424	Darius Ochus.	
423	Darius Nothus.	19

La deuxième année du règne de ce prince, les Egyptiens secouèrent le joug des Perses et établirent leur domination à Saïs, sous Amyrrhée, qui régna 6 ans. Après lui, une autre dynastie se fonda à Mendès.

DYNASTIE DES MENDITES.

Néphéritès Ier.	18
Achoritès.	13
Psammutis ou Psammétichus.	1
Néphóritòs II.	4 mois.

361 Artaxerxès Mnémon reprend le pouvoir au nom de la Perse. Sous son règne, une dynastie de princes égyptiens s'établit en Egypte dans la ville de Sébennite, ville du Delta.

Quelques temps après lui, viennent Chéops (Chouwou), Chephren (Shawra) et Mycerinus (Menkérès), qui firent successivement construire les fameuses pyramides de Giseh (3300 av. J.-C.). La date que

Ans av. J.-C.		Durée.
	Elle comprend :	
	Nectanèbe Ier qui régna	12
	Tachos qui l'assassine et qui règne	2
	Enfin Nectanèbe II chassé par Ochus.	11
361	Artaxerxès Ochus.	23
338	Arsès.	3
336	Darius Codoman.	6

ALEXANDRE LE GRAND S'EMPARE DE L'ÉGYPTE.

| 330 | Alexandre. | 7 |

APRÈS LA MORT D'ALEXANDRE, PTOLÉMÉE, FILS DE LAGUS, RÈGNE SUR L'ÉGYPTE.

323	Ptolémée Soter.	40
283	Ptolémée Philadelphe.	37 8 mois.
246	Ptolémée Evergète.	25
221	Ptolémée Philopator.	17
204	Ptolémée Epiphane.	24
180	Ptolémée Philométor.	35 moins 3 mois.
145	Ptolémée Evergète II.	29
117	Ptolémée Lathyrus chassé.	17 moins quelques mois.
101	Ptolémée Alexandre, son frère.	10
91	Ptolémée Lathyrus rétabli.	8
81	Cléopâtre Ire.	4 mois.
80	Ptolémée Alexandre II chassé.	15
65	Ptolémée Aulétès.	
61	Ptolémée Dionysius et Cléopâtre.	4
57	Cléopâtre II seule.	

Après la mort de Cléopâtre, les Romains s'emparèrent de cette province qu'ils réduisirent en gouvernement. Lorsque leur empire fut détruit, l'Egypte passa sous la domination des califes et ensuite sous celle des Turcs qui la possèdent aujourd'hui.

(3) RÉSUMÉ DE L'HISTOIRE D'ÉGYPTE

PAR LE VICOMTE EMMANUEL DE ROUGÉ.

Les annales égyptiennes commençaient, comme celles des autres peuples, par des

nous donnons ici est celle de Mahmoud-Bey, astronome égyptien, qui est arrivé à la fixer d'une façon précise en observant ces trois faits : 1° que l'angle que forment les faces des pyramides avec l'horizon

légendes se rapportant à des dieux, des demi-dieux et des héros fabuleux. Ménès était indiqué comme le premier des rois humains qui eût réuni sous un même sceptre toute la monarchie égyptienne. Les monuments confirment cette tradition. On trouve le cartouche de Ménès à la tête de ceux des rois historiques, et nous connaissons quelques traces d'un culte commémoratif qui lui fut rendu à Memphis. L'histoire lui attribuait la construction de la grande digue qui détourna le cours du Nil pour obtenir l'emplacement de cette capitale de la basse Egypte. Nous ne voyons pas de raisons sérieuses pour douter de la réalité de ce fait, quoique nous ne connaissions aucun monument contemporain de ce roi. Manéthon, l'historien national, a divisé la série des rois, successeurs de Ménès, en dynasties, et nous nous servirons de ce terme pour classer les faits dans la série des âges ; le vague même que laisse dans l'esprit l'expression de dynastie convient à merveille à l'incertitude absolue dans laquelle nous laissent les divers systèmes quant à la chronologie de ces premières époques. Nous ne savons rien de précis sur les deux premières dynasties ; le premier monument auquel nous puissions assigner un rang certain se place vers la fin de la troisième : c'est un bas-relief sculpté à Ouadi-Magara ; il représente le roi Snewrou faisant la conquête de la presqu'île du Sinaï. Ce roi, souvent cité depuis, fonda le premier un établissement égyptien pour exploiter les mines de cuivre de cette localité.

Ses successeurs furent célèbres dans le monde antique ; Hérodote a conservé leur mémoire : ce sont les auteurs des pyramides de Gizeh. C'est au groupe de la quatrième dynastie qu'appartiennent les rois Chouwou (Chéops), Schawra (Chéphren) et Menkérès (Mycérinus). Ainsi, dès la quatrième dynastie, les rois d'Egypte avaient la puissance et la richesse nécessaires pour se livrer à ces colossales entreprises, dont la grandeur n'a jamais été surpassée. Ces rois possédaient probablement la Thébaïde en même temps que la basse Egypte. Ce qui est certain, c'est qu'ils sont cités sur les monuments de Thèbes parmi les ancêtres royaux des souverains thébains. Les bas-reliefs sculptés à Ouadi-Magara sont les seuls de cette époque qui nous rappellent des expéditions militaires ; mais les temples et les palais sont écroulés ; les tombeaux seuls ont survécu.

Ces mêmes tombeaux nous conduisent à travers une période où l'empire paraît avoir été divisé jusqu'à une famille qui a laissé plus de traces dans les monuments. Le personnage le plus remarquable des successeurs de Menkérès semble avoir été le roi de Pépi-méri-ra. Il régnait sur la haute Egypte et sur l'Egypte moyenne ; il était également maître des établissements égyptiens du Sinaï. Peut-être même réunissait-il tout l'empire sous son sceptre ; les monuments de son règne sont assez nombreux, et l'on conjecture avec vraisemblance qu'il est le

est constamment de 52°; 2° que l'orientation de ces monuments est conforme à la direction des quatre points cardinaux; 3° enfin, qu'il y a 3300 ans av. J.-C., l'étoile Sirius (Thoth-Anubis), qui annonçait la crue du

même que le roi Phiops, placé par Manéthon dans la sixième dynastie, avec un règne de près de cent ans.

La première dynastie thébaine est la onzième dans l'ordre de Manéthon; il paraît certain qu'elle se composa de souverains partiels: le nom dominant dans cette famille se lit Antew. On a trouvé à Thèbes le tombeau de ces princes, et notre Musée possède deux cercueils qui en proviennent.

Le seconde époque de grandeur pour la monarchie égyptienne, réunie alors sous un seul sceptre, commença avec la douzième dynastie.

Manéthon nomme le premier roi Aménémès (Amenemha des monuments). Ici les inscriptions plus nombreuses permettent déjà d'apprécier plus complètement l'état de l'Egypte sous cette puissante famille. Au nord ses rois possédaient la presqu'île du Sinaï, et ils se vantent de leurs continuelles victoires sur les peuples voisins. Au midi la douzième dynastie étendit au loin sa domination. Sésourtasen Ier avait reculé ses frontières jusqu'à Ibsamboul, ses successeurs les portèrent jusqu'à Semneh et assurèrent à l'Egypte la possession de toute la Nubie. La vallée du Nil se couvrit de temples; la province du Fayoum vit s'élever le labyrinthe, autre merveille du monde antique, et de nouvelles pyramides continuèrent la rangée majestueuse des tombes royales sur la limite du désert.

Les peintures des tombeaux, conservées à Béni-Hassan, font voir que les Egyptiens connaissaient dès lors les diverses variétés de la race humaine et que le commerce ou la guerre les avait déjà mis en rapport avec les nations asiatiques.

La fin de cette dynastie, où nous trouvons une reine du nom de Séveknowréou, semble avoir amené des divisions. Quelques savants pensent que, dès le commencement de la treizième dynastie, arrivèrent les invasions des peuples nomades de l'Asie que l'histoire nous désigne sous le nom de Pasteurs. Il faut néanmoins remarquer que les rois nommés Sévekhotep et Nowrehotep, qui appartiennent à cette dynastie, étaient encore de puissants princes. Nous avons une grande statue de granit rose représentant Sévekhotep III, qui fut trouvée, dit-on, dans la basse Egypte. Un de ses successeurs faisait élever d'immenses colosses dans l'île d'Argo, au fond de l'Ethiopie. Tous ces travaux semblent indiquer encore une souveraineté paisible. On possède une très longue liste des rois qui suivirent les Sévekhotep; ils constituent les quatorzième, quinzième, seizième et dix-septième dynasties sous lesquelles Manéthon place l'invasion des Pasteurs.

Ce grand désastre et la longue oppression qui en fut la suite sont attestés par tous les souvenirs historiques. L'interruption violente de la série monumentale en est aussi la preuve la plus directe. On peut croire que tous les temples furent renversés; car il y eut une guerre religieuse, indépendamment de la soif du pillage

Nil, versait normalement ses rayons sur les façades méridionales.

Tout porte à croire que les rois qui s'adonnèrent à ces travaux furent conquérants, car dans tout l'Orient qui préside à toutes les incursions des peuples nomades. L'emplacement des temples antiques se reconnaît par les arrasements et les anciennes fondations, sur lesquels on reconstruisit les nouveaux sanctuaires, après la restauration de l'empire égyptien par la dix-huitième dynastie (Il paraît, d'après les fouilles de M. Mariette, que le temple du sphinx de Gizeh et une porte élevée à Abydos, sous la douzième dynastie, auraient échappé à la destruction).

Rien n'est concordant dans les récits divers que les auteurs nous ont transmis de cette époque de servitude, et naturellement les monuments y font défaut. Nous ne pouvons donc pas savoir s'il faut placer l'invasion, comme semble l'indiquer Manéthon, à la quinzième dynastie; mais il est certain qu'elle finit sous Amosis, avec la dix-septième. Un récit égyptien conservé dans un papyrus (collection Sallier, n° 1) nous montre quel était l'état du pays vers la fin de cette période. Un roi ennemi, nommé Apapi, régnait dans Avaris, place forte du Delta. Il exigeait le tribut de toute l'Egypte; il était ennemi de la religion du pays. Ses exactions ayant amené une guerre qui fut longue et sanglante, le prince de la Thébaïde, nommé Taaken, finit par réunir les autres princes d'Egypte et obtint des succès contre les Pasteurs; mais la gloire d'expulser ces étrangers fut réservée à l'un de ses successeurs, Amosis.

Ici les textes égyptiens viennent encore au secours des historiens, peu d'accord entre eux sur l'époque du fait. Une inscription contemporaine montre qu'Amosis, après plusieurs batailles, s'empara d'Avaris et se débarrassa définitivement des Pasteurs vers la sixième année de son règne (Inscription du tombeau d'Ahmès, chef des nautonniers). Il put aussitôt tourner ses armes contre les Nubiens révoltés. A la fin de son règne, nous le voyons occupé à rouvrir paisiblement les carrières de Tourah pour en extraire les blocs destinés à relever partout les temples des dieux.

A partir de ce moment, décisif pour la puissance de l'Egypte, commence la série des triomphes qui rendirent ce pays l'arbitre du monde pendant plusieurs siècles. Aménophis Ier affermit les conquêtes faites sur les frontières au nord et au midi. Thouthmès Ier conduit ses armées en Asie, et porte le premier le cimeterre royal jusqu'en Mésopotamie. Sa fille, pendant une longue régence, semble s'être spécialement préoccupée d'embellir les temples; Thouthmès II, son frère, fit des campagnes heureuses en Ethiopie et en Palestine. La régente paraît avoir ressaisi l'autorité après sa mort; mais à peine Thouthmès III, son second frère, fut-il en possession du pouvoir souverain, qu'il entreprit une série d'expéditions dont le récit couvre les murailles de Karnac. Il fit passer sous son joug les peuples de l'Asie centrale, et nous voyons figurer parmi ses vassaux : Babel, Ninive et Sennaar, au milieu de

on n'employa guère que les esclaves ramenés des expéditions à l'édification de ces colossales constructions. Il est probable même que les ouvriers ne recevaient aucun gage : on se contentaient de les nourrir.

peuples plus importants alors, mais dont les noms se sont obscurcis dans la suite des temps.

L'Egypte soutient toute sa grandeur jusqu'au règne d'Aménophis III, qui fut aussi un prince guerrier; c'est celui que les Grecs nommèrent Memnon, et dont le colosse brisé résonnait dans la plaine de Thèbes au lever du soleil ; mais la fin de la dix-huitième dynastie fut troublée par des usurpations et par une révolution religieuse. Aménophis IV ne voulut pas souffrir d'autre culte que celui du soleil, représenté sous la forme d'un disque rayonnant. Des mains sortant de chaque rayon apportaient aux dévots mortels le signe de la vie. Ce roi fit effacer le nom du dieu Ammon sur les monuments, et nous devons à son fanatisme une quantité de mutilations les plus regrettables.

Ces révolutions intérieures avaient porté leurs fruits ordinaires. L'empire de l'Asie paraît avoir échappé à des mains débiles et à un peuple divisé, lorsque la dix-neuvième dynastie amena sur le trône deux grands hommes qui restaurèrent le pouvoir et étendirent encore les conquêtes de l'Egypte. Séti Ier (que Manéthon nomme Séthos) trouva la révolte arrivée jusqu'aux portes de l'Egypte ; il soumit de nouveau l'Asie centrale qu'avaient dominée les Thouthmès et les Aménophis. Les grands travaux qu'il fit exécuter à Thèbes prouvent que ses expéditions lui avaient assuré pour quelque temps une domination tranquille. Le fils et le successeur de Séti Ier est le plus grand conquérant des temps antiques; celui que les prêtres nommaient Rhamsès, au témoignage de Tacite, lorsqu'ils montraient ses exploits sculptés sur les murs de Thèbes, Hérodote le nomme Sésostris, et Diodore, Sésoosis, d'après un nom populaire (Sésou ou Sésouré). Son nom propre sur les monuments se lit Rhamsès-Meïamoun. C'est exactement la forme conservée par Josèphe... Sa première campagne le conduisit en Ethiopie... Les peuples de l'Asie centrale s'étant révoltés, Rhamsès courut, dans la cinquième année de son règne, au-devant de la confédération des rebelles... Rhamsès triompha de la révolte, et d'autres expéditions étendirent encore ses conquêtes... Déconcertés par leurs défaites successives, les chefs des Chétas vinrent enfin demander la paix. Dans la vingt et unième année de son règne, Rhamsès leur accorda des conditions honorables dont l'exécution fut mise sous la garantie des divinités des deux nations. L'acte en fut gravé sur une muraille de Thèbes, qui nous en a conservé des fragments importants. Il est à croire qu'une tranquillité durable suivit ces longues guerres, car Rhamsès-Meïamoun put, pendant un règne de soixante-huit ans, couvrir l'Egypte de ses monuments. Il employa pour les construire les nombreux esclaves qu'il avait ramenés de ses conquêtes, et ce fait nous conduit naturellement à dire quelques mots de Moïse et du séjour des Hébreux en Egypte.

En Egypte, la nourriture ne consistait qu'en ail et en oignons. Hérodote nous apprend, en effet, qu'il en coûta 1600 talents (6 millions 400,000 fr.) en ail et oignons pour la construction de la pyramide de Chéops.

(Après s'être étendu quelque peu pour prouver la difficulté d'établir une chronologie sérieuse relativement à l'époque du séjour des Hébreux en Egypte, M. de Rougé continue) :

La puissance des Egyptiens et leur domination en Asie se soutint malgré une succession de révoltes pendant toute la dix-neuvième dynastie et pendant une partie de la vingtième, qui se compose exclusivement de rois nommés Rhamsès comme leur aïeul. Rhamsès III paraît aussi avoir fait de grandes conquêtes en Asie, et ses monuments présentent la circonstance remarquable d'une bataille navale. Les expéditions pacifiques ou belliqueuses qui s'étaient multipliées avaient amené des rapports intimes entre les Egyptiens et les nations asiatiques. Les uns faisaient des voyages en Mésopotamie ; c'étaient des officiers envoyés par le prince pour gouverner les provinces, surveiller les stations établies et commander les garnisons mises dans les places fortes. Les autres venaient jusqu'en Egypte, soit pour faire le commerce, soit pour consulter les médecins égyptiens dont le savoir était déjà renommé (d'ailleurs... Rhamsès Moïamoun, le grand conquérant, avait lui-même épousé la fille du prince des Chétas son plus vaillant ennemi).

A la suite de ces alliances, quelques divinités asiatiques avaient été admises dans le panthéon, et la Vénus des bords de l'Euphrate eut à Thèbes un temple et des prêtres qui l'invoquaient sous le nom d'Atesch et d'Anata. Baal et Astarté avaient aussi des autels officiels dans la ville de Rhamsès. Cette domination de plus de cinq siècles que l'Egypte exerça sur l'Asie centrale est un fait historique des plus importants ; c'est de là que dérivent une foule de rapports entre les populations de l'Egypte, de l'Assyrie et de la Phénicie.

Vers la fin de la vingtième dynastie, les grands prêtres d'Ammon s'emparèrent petit à petit de l'autorité et finirent par succéder à la famille des Rhamsès. Moins belliqueux peut-être, ils ne surent pas conserver la suprématie de leur nation. Les grands empires d'Asie prenaient plus de force et de développement ; l'Egypte fut réduite à ses limites naturelles. La vingt-deuxième dynastie amena pourtant sur le trône un conquérant : le roi Sheschonk (le Schischak de la Bible) recouvra une partie de la Syrie. Les trésors rassemblés par David et Salomon lui apprirent le chemin de Jérusalem, et l'on voit figurer parmi ses captifs le malheureux Roboam les mains liées derrière le dos, avec cette inscription : Juda-roi. Néanmoins, l'empire des Assyriens devint alors trop puissant pour que les Egyptiens pussent désormais régner d'une manière durable en Asie, et leurs expéditions les plus heureuses se terminèrent par de stériles victoires ou par l'asservissement de quelques parties de la Palestine et de la Syrie.

Les monuments anciens nous ont ensuite conservé le nom de Pépi-méri-ra qui régna pendant près de cent ans sur toute l'Egypte et sur la presqu'île du Sinaï bien longtemps après les rois constructeurs des pyramides.

La vingt-quatrième dynastie ne compte qu'un seul roi, Bochoris, célèbre par sa sagesse. Son nom égyptien, ignoré jusqu'ici, vient enfin de sortir du sanctuaire d'Apis ; il se lit : Bok-en-ranw. Le farouche conquérant éthiopien Schevek (Sabaco) le prit et le brûla vivant s'il en faut croire les historiens grecs.

Pour la seconde fois l'Egypte devint la proie des étrangers ; mais son antique civilisation eut bientôt subjugué le vainqueur. Schevek lui-même sacrifia aux dieux d'Egypte ; il fit embellir et augmenter les temples de Thèbes. Cette dynastie éthiopienne (la vingt-cinquième) fournit un roi guerrier, Tahraka, qui défit les Hébreux et les Assyriens. Il paraît avoir été complètement gagné à la religion égyptienne, et sa domination fut respectée ; car, quoiqu'il se fût retiré au mont Barkal, en Ethiopie, sur la fin de son règne, le gouvernement s'exerçait encore en son nom à Memphis, et les dates officielles portent son cartouche jusqu'au commencement de la vingt-sixième dynastie. Il semble qu'il y ait eu à Thèbes une plus forte réaction contre la domination des rois éthiopiens, car on a martelé leurs noms sur les monuments qu'ils avaient élevés.

Psammétik Ier inaugura la vingt-sixième dynastie par un règne long et glorieux. A partir de cette époque, les Grecs commencent à nous tenir au courant de l'histoire égyptienne. Les relations établies par les soldats auxiliaires, que les rois saïtes prirent à leur service, ne s'interrompirent plus et les événements de la vallée de Nil sont désormais enregistrés dans l'histoire ancienne avec les récits des autres nations. Nous insisterons ici seulement sur quelques points que les monuments nous ont fait mieux connaître.

La civilisation égyptienne s'imposa constamment à ses vainqueurs successifs. Cambyse, avant les fureurs qui s'emparèrent de lui à son retour d'Ethiopie, s'était fait reconnaître régulièrement comme roi légitime de l'Egypte. Il avait accompli tous les rites religieux et subi l'initiation dans le temple de Saïs. De nombreux monuments attestent que Darius suivit ces errements avec persévérance ; aussi son autorité fut-elle acceptée facilement par les Egyptiens. Mais Ochus, par une conduite opposée, souleva tous les esprits contre lui.

Alexandre, en grand politique qu'il était, comprit que le plus sûr moyen d'établir sa domination dans l'esprit de ces peuples était d'employer à son usage des préjugés qui avaient pour eux la force des siècles. C'est dans ce but qu'il fit son voyage à l'oasis d'Ammon. L'oracle le proclama fils du soleil, en sorte qu'il représenta désormais aux yeux des peuples d'Egypte l'incarnation de la race du soleil à laquelle était due l'obéissance des humains. Il faut bien connaître l'idée des Egyptiens sur la royauté pour pénétrer toute la portée politique de cet acte d'Alexan-

Longtemps après encore nous trouvons les Ethiopiens maîtres de la basse Egypte. Il serait difficile de savoir dans l'état actuel de la science combien de temps dura l'occupation. Quoi qu'il en soit, c'est durant cette période que la civilisation égyptienne se forma. La valeur guerrière des rois thébains, en intimidant les peuples d'Asie, procura à l'Egypte une longue série d'années de repos qu'elle mit à profit pour le développemeut de ses arts, de son iudustrie et de sa littérature. Le livre de Ptah-Hotep, qui a été conservé jusqu'à nos jours, date, en effet, de cette époque. Aussi voyons-nous s'élever sur la vieille terre de Kémé une foule de temples, de pyramides, et probablement le fameux labyrinthe de Fayoum, regardé comme une des merveilles du monde et qui, peut-être, servit de modèle au paradis terrestre. On trouve dans les tombeaux de cette période des peintures déjà fort remarquables au point de vue de l'exécution et très curieuses en ce sens qu'elles sont un témoignage irrécusable des relations intimes qui existaient à cette époque entre l'Egypte et l'Asie.

---

dre. Les Ptolémées, ses successeurs, suivirent constamment son exemple. Les serviteurs de Jupiter continuèrent à être pour l'Egypte les dieux fils du soleil, car en aucune région l'adoration de l'homme couronné ne prit un caractère d'idolâtrie plus complet et plus persistant que dans ce pays. Toutes les coutumes y avaient le même caractère de persistance ; aussi l'archéologie doit-elle suivre l'Egypte tant que ses monuments restent réellement égyptiens, et ils conservent ce caractère pendant de longues années encore sous la domination des empereurs romains.

II

Hycsos.

Une telle prospérité attira cependant les convoitises des Arabes-Aryas, descendus de l'Indus et qui avaient déjà jeté les premières bases des empires d'Assyrie et de Perse. Vers 2080, ces populations guerrières s'abattirent sur l'Egypte et en firent facilement la conquête. Les Grecs, qui nous ont conservé le souvenir de cette invasion, ont appelé les envahisseurs *Hycsos* (pasteurs). Mais leur véritable nom est *Palis*. Ce sont, en effet, des descendants des peuplades qui habitaient le Palistan, au nord de l'Inde, cinq cents ans environ avant l'époque dont nous parlons.

Les Hycsos prirent pour roi un de leurs chefs du nom de Salatis qui s'empressa de se fortifier dans Avaris, afin d'empêcher les Assyriens dont l'empire était déjà prospère de pénétrer en Egypte. Pendant les 260 ans que dura l'occupation arabe, la nuit se fait sur la terre de Kémé. L'antique civilisation de l'Egypte disparaît avec les monuments qui faisaient sa grandeur ; les temples et les palais sont démolis jusqu'à la base, les statues et les sculptures sont brisées et leurs débris sont abandonnés sur le sol ; les peintures et les papyrus sont lacérés, les inscriptions martelées ; rien ne demeure debout tant est grande la rage de dévastation qui anime le vainqueur.

On ne comprendrait pas ces brigandages inutiles si on ne les regardait comme la vengeance de la résistance désespérée que dut offrir l'Egypte. Il semble, en effet, que du moins dans la première période, l'occupation ait été difficile. Les prêtres fanatiques excitaient les Egyptiens à une guerre religieuse qui, hélas ! n'eut pour résultat que de faire peser davantage le joug des Hycsos. Pourtant, il faut bien l'avouer, quand la domination arabe fut incontestée, ceux-ci se relâchèrent un peu de leur rigueur et l'Egypte put s'adonner, non plus à la culture des arts et de l'industrie, mais à la culture de la terre. Bientôt, ils n'eurent plus de rivaux dans cette nouvelle science, et l'Egypte fut regardée comme le grenier de l'Orient. La Syrie, la Mésopotamie, la Chaldée venaient aux époques de famine (ce qui n'était pas rare dans ces temps de guerres continuelles), chercher, moyennant échange, les beaux blés de la vallée du Nil. C'est ainsi que les saintes Ecritures nous montrent, entre autres, le patriarche Abraham affamé dans son pays et spéculant en Egypte sur les charmes de sa femme Sarah, afin d'en retirer profit et subsistance. Jacob vint aussi dans la vallée du Nil pendant la période de l'occupation arabe. La Bible nous apprend même que Joseph serait parvenu à être le premier ministre d'un Pharaon de race arabe et qu'il aurait appelé toute sa famille près de lui.

Pourtant, un travail sourd se faisait en Egypte parmi les vaincus contre le vainqueur. Les prêtres, surtout ceux de la haute région du Nil, étaient à la tête du mouvement d'indépendance. Ils essayaient par tous les moyens d'exciter les populations à la révolte. Quoique leurs manœuvres ne dépassassent pas les limites des temples, elles étaient toujours destinées à entretenir les germes de haine contre les Arabes. Bientôt il ne fallut que l'étincelle qui allume l'incendie : le terrain était préparé, les esprits poussés au paroxysme de la passion qu'engendre l'amour de la patrie et de la religion. Taaken, roi de la Thébaïde, choisit ce moment pour se coaliser avec les autres princes, ses voisins, et il leva des armées pour défendre sa foi et son pays. Malheureusement il ne put achever son œuvre d'indépendance : la mort vint le surprendre au milieu de ses succès, et ce fut à Amosis qu'échut l'honneur de chasser Apapi d'Avaris et les Hycsos de l'Egypte.

III

Apogée.

.... A partir de ce moment, la vallée du Nil reprend sa splendeur avec son indépendance. Sous Aménophis (1786 av. J.-C.) se creuse le lac Mœris, qui servira de réservoir au Nil pour tempérer et régulariser l'inondation. Partout de nouveaux temples s'élèvent sur les anciennes fondations.

Les trois Thouthmès continuent l'ère de ces prospérités intérieures et poussent même le succès de leurs armes en Asie, jusqu'à Ninive et Babylone, qui resteront sous leur domination pendant cinq cents ans.

Une révolution religieuse survenue sous le règne d'Aménophis IV, qui ne voulait pas souffrir d'autre culte que celui du soleil radié, ne fut pas suffisante pour nuire au développement continu de l'empire égyptien ; mais elle amena des dévastations et des martelages qui sont à jamais regrettables au point de vue historique, scientifique et artistique.

L'apogée de la puissance de l'empire a lieu sous Rhamsès Ier (Sésostris) (1422). Ce prince guerrier avait affermi en Asie les conquêtes de ses prédécesseurs, et rien ne s'opposait plus désormais au développement et à l'expansion de la civilisation égyptienne. De nombreux navires vont le long des côtes jusqu'à l'Inde, où ils échangent des étoffes contre des épiceries. Méroé, par la mer, fait le commerce du Sud ; Memphis, par le Nil, trafique avec tout le Nord, en se servant des belles routes qui se rendent en Phénicie, en Arménie, dans le Caucase, à Babylone, Thapsaque, Suse, et de là dans l'Orient, jusqu'à l'Inde.

Les nombreux esclaves que Sésostris avait ramenés de ses expéditions asiatiques furent employés, par lui et ses successeurs, à l'édification des temples et aux autres travaux importants. C'est pourquoi la Bible nous montre, sous Rhamsès II (1337), les Israélites occupés à construire une vaste cité à laquelle ce prince avait donné son nom.

C'est sous Ménéphtah, fils de Rhamsès II, que Moïse quitta l'Egypte, amenant avec lui le peuple de Dieu couvert de lèpre.

Rhamsès III affermit son autorité en Asie et continua à développer la prospérité égyptienne.

IV

Déclin.

On le voit, pendant plus de cinq cents ans, l'Asie occidentale et l'Egypte, placées sous le même sceptre, furent constamment en relations. Les échanges industriels, agricoles ou administratifs, entraînaient nécessairement les échanges religieux et intellectuels. Tandis que l'Egypte emprunte à la Phénicie et à l'Assyrie les dieux Baal et Astarté, celles-ci se pénètrent peu à peu de ses conceptions religieuses et de son génie commercial. Aussi nous allons bientôt assister à un phénomène qui se produit partout où un peuple conquérant se trouve en rapport avec un peuple conquis : tandis que les vainqueurs s'endorment au milieu des prospérités, les vaincus, qui ont profité de leur servitude pour s'instruire, dominent peu à peu et finissent par reconquérir leur indépendance. C'est ce qui arriva pour l'Assyrie, bien longtemps après le règne de Rhamsès III : elle parvint à secouer le joug de l'Egypte et à fonder ce vaste empire dont nous avons eu déjà occasion d'écrire l'histoire. C'est en vain que Sheschonk (950) essaya de retenir l'Asie sous sa domination ; c'est en vain qu'il s'empara de Jérusalem sous Roboam ; c'est en vain qu'il pénétra en vainqueur en Syrie : ni lui ni ses successeurs ne purent conserver les conquêtes de leurs prédécesseurs.

L'empire égyptien se désagrégea. En 715, sous

Bochoris, les Ethiopiens pénétrèrent dans le bas pays et s'en emparèrent. Après eux, Sennachérib, roi des Assyriens et des Arabes, soumet toute la vallée du Nil et la rend tributaire (713). Il est vrai que vingt-huit ans après (685), Tahraka, roi éthiopien, parvint à chasser les Assyriens, à battre les Hébreux, leurs alliés, et à fonder une nouvelle dynastie ; mais elle n'eut que neuf ans d'existence, car les Egyptiens, en 674, reprirent leur indépendance.

Psammétik Ier est le monarque le plus saillant de la nouvelle phase égyptienne. Il laissa, durant un long règne, l'Egypte jouir des bienfaits de la paix ; mais cet éclat ne fut que passager : comme les empires d'Asie, l'Egypte devait à son tour tomber sous la domination des Perses. Cambyse en fit la conquête en 527 et la laissa gouverner jusqu'en 404 par des satrapes, qui la ruinèrent en l'écrasant d'impôts.

Un moment elle parvint à secouer le joug (404-339); mais elle retomba sous la domination de Darius jusqu'en 332, où Alexandre s'en empara. Ses successeurs, les Ptolémées, la gouvernèrent jusqu'à l'époque de Cléopâtre (57 av. J.-C.), après la mort de laquelle elle passa aux Romains.

CHAPITRE VIII

LE CULTE PHALLIQUE.

I. *Pamir.* — Séparation et migrations occidentales. — Tendances aryennes et touraniennes. — *Rig-Véda* et védisme, conceptions panthéoniques remarquables. — *Avesta* et mazdéisme. — La fin du monde. — Culte du feu et des ancêtres.

II. *Asie Mineure.* — Contrées colonisées. — Les Aryas à la mer. — Fusion. — Assyrie, les couples divins, les trinités. — Les Mèdes et le magisme. — Egypte, incarnations, justice, charité, amour du prochain. — Enfer et métempsycose. — Phénicie, soleil et terre, feu et eau.

III. *Culte phallique.* — Divinités bisexuelles, système phallique du mazdéisme. — Mithra, sa légende, ses fonctions, ses attributs. — Le feu terrestre et les Mages. — Le feu du foyer et le *paterfamilias*. — L'eau. — Phallus et ctéis.

IV. *Divinités phalliques.* — Les Apollons grecs sont tous orientaux. — Le défi d'un savant. — L'Egypte et Osiris. — La Phénicie et Adonis. — Chaldée, fusion des époux et des épouses célestes. — Nisroch-Salman, ses fonctions et ses attributs d'après les inscriptions.

V. *Fleuves phalliques.* — Le fleuve Adonis. — Nil et légende d'Osiris, explication. — Légende d'Adonis, explication. — Fleuves à débordement périodique. — Tigre et Euphrate. — Phrygie. — Palestine. — Chypre. — Grèce. — Italie. — Gaule. — Conclusion.

VI. *Mystères et cérémonies phalliques.* — Le culte phallique a son origine vers l'Himalaya. — Figures de Mithra. — Mithra en Gaule. — Etymologie de *Bacchus*. — *Liber.* — Cérémonies phalliques. — Caractères communs à toutes. Différences.

I

Pamir.

C'est sur le plateau himalayen de Pamir, situé dans la région asiatique comprise entre l'Oxus, l'Iaxarte, l'Indus et l'Helmend que les savants modernes ont placé le berceau de races nobles qui ont peuplé l'Occident. L'Eden de nos ancêtres était et est encore pays pauvre qui ne pouvait nourrir que des tribus nomades et guerrières. Ces peuples cherchèrent donc bientôt des régions plus propices. Elles semblent tout d'abord s'être divisées en deux groupes. Le premier, sous le nom d'Aryas, se dirigea vers le sud, s'établit dans l'Inde, puis, s'étendant le long de la mer d'Arabie, du golfe Persique, de la mer Rouge et de la Méditerranée, vint successivement occuper le Béloutschistan, la partie méridionale de la Perse, l'Arabie, l'Abyssinie, l'Egypte et l'Asie Mineure jusqu'à la mer Noire. L'autre groupe, désigné sous le nom de Touraniens, eut une marche parallèle vers l'Occident, mais paraît s'être tenu plus au nord, occupant, l'un après l'autre, les pays désignés aujourd'hui sous les noms de Thibet, Chine, Tartarie, Afghanistan, Perse Caspienne et Russie d'Europe et d'Asie. La rencontre des deux rameaux détachés de la même branche se fit, peut-être plus de trois mille ans après la séparation, en pleine Asie Mineure.

On pense bien que cette longue période de siècles ne s'était pas écoulée sans imprimer des différences considérables entre les Aryas et les Touraniens. Ces différences sont aussi accusées dans l'organisation civile et politique que dans la religion et la morale des deux peuples. La langue de Pamir n'était plus la même; elle n'avait pas échappé aux transformations du temps, quoiqu'elle eût conservé des souvenirs grammaticaux de l'origine commune.

Presque au début de la séparation de Pamir, deux tendances religieuses contraires s'affirment. Tandis que les Aryas, fixés d'abord dans l'Inde, impreignent leur conception divine apportée des hauts plateaux de l'Himalaya, des notions naturalistes que leur inspire le magique spectacle qui se déroule à leurs pieds; tandis qu'ils puisent peut-être aussi dans les croyances des autochtones qu'ils viennent dominer par la force des armes : les Touraniens, établis d'abord dans le nord de la Bactriane, pays rude et ingrat, jettent les yeux dans les espaces célestes et se lancent dans les hypothèses astrologiques pour expliquer les causes des phénomènes d'ici-bas.

Ainsi, presque à l'origine, l'Arya regarde la terre qu'il foule, le Touranien le ciel qui s'étend au-dessus de lui. Remarquons qu'il ne s'agit encore ici que de deux tendances particulières à deux groupes humains, et que ces deux directions renferment évidemment une foule d'éléments communs qui sont la base de la croyance originelle.

L'heure de la séparation confessionnelle n'est pas encore venue.

Elle vint pour l'Arya avec la tradition des hymnes groupés sous l'appellation de *Rig-Véda*. C'est le monument le plus antique qui existe, monument qui a précédé l'écriture et qui s'est conservé dans *toute sa pureté* par la *parole chantée*, transmise de génération à génération suivant des règles inflexibles. Cette collection nous reporte à l'antique védisme, qui a régné dans l'Inde durant une période, évaluée par les savants à trois ou quatre mille ans avant notre ère. Elle nous révèle tous les secrets de la religion védique qui précéda le brahmanisme ; elle nous fait assister à l'incubation, au développement, à l'expansion d'une croyance et d'une langue (le sanscrit), qui ont eu des destinées si importantes, que nous en ressentons encore les effets de nos jours.

C'est aux forces de la nature divinisées qu'on rend un culte d'adoration. Tout d'abord, le panthéon védique ne présente aucun dieu supérieur. Tous les dévas y occupent un rang égal : la montagne, la rivière, la terre, la mer, les vents, le tonnerre, le feu, l'aurore, la lune, le soleil, le ciel reçoivent la libation et le sacrifice du *soma* sans aucune espèce de hiérarchie, mais dans des hymnes d'un lyrisme toujours élevé et gracieux. Les noms des dévas ne sont pas même des substantifs, ce sont des adjectifs qualifiant l'activité qui leur est attribuée. Le feu (*Agni*) signifie « vif, agile ; » le tonnerre (*Roudra*) est le hurleur ; le ciel (*Dyaus*) est l'illuminateur ; *Dyu pater* n'est envisagé que sous sa fonction créatrice : c'est le créateur. Suivant les goûts des poètes qui conçurent les hymnes, chaque dieu monte au pinacle ou est rejeté sans façon au panier des vieilleries. Un poète dit : « La grandeur d'Indra (celui qui pleut), excède en vérité Dyaus (le ciel) et Pritivi (la Terre); un autre exalte Pritivi aux dépens d'Indra.

Il ne faut pas s'étonner de cette anarchie; elle est commune à tous les débuts religieux sans exception. Souvenons-nous que notre christianisme, venu trois ou quatre mille ans après le védisme, ne parvint à fixer son dogme qu'au quatrième siècle de notre ère. Et encore?

Peu à peu, pourtant, le védisme s'élève à des conceptions plus épurées; l'idée de loi universelle se fait jour : c'est Rita, le chemin tracé, la voie que ni les hommes ni les dévas ne peuvent franchir, espèce de fatalité qui plane inconsciente sur le monde créé; c'est ensuite l'infini, Aditi, ce qui est sans limites, conception métaphysique d'une haute portée; c'est encore Pradjapati, le dieu des dieux, l'être un, qui vient dominer tout le panthéon hindou et en constituer l'unité. C'est enfin Atman, le dieu qui n'a pas de sexe, l'être neutre, sans forme, l'abstraction par excellence, l'âme, le souffle, l'esprit, le Verbe, le principe de l'existence de toutes choses.

N'allons pas plus loin, restons sous le coup de l'admiration que nous causent de telles conceptions venues au jour il y a plus de cinquante siècles, et voyons si le Touranien a marché du même pas que l'Arya son frère.

Les livres sacrés qui forment l'*Avesta* ne nous sont point parvenus dans leur pureté primordiale; toutefois, il est encore possible, en y regardant avec attention, d'y discerner quelques pièces authentiques. C'est par elles que nous allons juger de l'état religieux des populations iraniennes de la Bactriane. Il ne faut pas oublier, en étudiant le mazdéisme, attribué à Zoroastre, que ce fut là une réforme du védisme primitif. Il est donc moins ancien que la première croyance hindoue et correspond, selon nous, à la période védique qui a précédé immédiatement le brahmanisme ; c'est à peu près le temps où l'Arya s'était élevé à la conception de Rita, d'Aditi, de Pradjapati et d'Atman.

Au sommet du panthéon iranien, révélé par le grand prophète Hom, se trouve un seul dieu incréé : Aouramazda (Ormuzdt), l'esprit sage, le lumineux, le resplendissant, le très grand, le très parfait, le très-actif, le très intelligent et le très beau. *Il a créé toutes choses du néant par le Verbe.* Six génies l'aident dans l'administration du monde ; ce sont : le Très-Pur, le bon Esprit, le royaume désirable, la Sagesse parfaite, la Santé, l'Immortalité. Je crois inutile d'indiquer leurs noms zends, d'ailleurs, assez barbares. On désigne généralement ces six premiers génies sous l'appellation d'Amesha-Çpentas ou Amschaspands, ce qui signifie : les « immortels. » Après eux, viennent les Izeds en nombre incalculable. Ce sont les forces de la nature : soleil, eau, vent, feu, air, astres ; au-dessous des Izeds se placent hiérarchiquement les Fravarshis, espèces d'anges gardiens attachés chacun à un être humain.

En regard d'Ormuzdt, s'élève Angro-Maïnious (Ahriman), le mauvais principe, le destructeur, la source du mal. Ahriman n'a pas existé de tout temps comme Ormuzdt ; il est né sans que le bon principe ait participé à sa création, quoiqu'il fût d'ailleurs existant ; il est né, dis-je, le jour de la création du monde, et le désir de nuire le fit créateur à son tour. Il opposa aux Amschaspands six génies destinés à contrebalancer leur puissance ; ce sont : le mauvais esprit, le provocateur du péché et du chagrin ; le conseiller du vol, du meurtre et de la tyrannie des rois, etc. Contre les autres bons génies, il suscita la troupe innombrable des démons ou dévas. Ahriman, venu avec le monde, disparaîtra avec lui le jour où les prophètes apporteront les trois nouveaux livres de la Loi, qui dissiperont les ténèbres et établiront le règne de la vérité et de la justice (1).

Disons enfin, pour compléter ces conceptions olympiques de nos pères aux âges monumentaux, que, parallèlement à ces croyances, persiste toujours le culte du feu et des ancêtres, culte qui a probablement précédé tous les autres et dont on retrouve les vestiges aussi bien chez l'Arya de l'Inde que chez le Touranien de la Bactriane.

Maintenant, nous possédons les éléments nécessaires pour étudier le mouvement religieux qui se produisit en Asie Mineure à l'époque où se rencon-

---

(1) Zoroastre, en coordonnant plus tard ce système religieux, y apporta des éléments nouveaux, par exemple la croyance à une autre vie et à l'existence de peines et de récompenses, suivant la conduite que l'homme avait tenue ici-bas. L'âme du défunt se présentait devant Rashnou, qui la jugeait selon ses actes. Au sortir de ce tribunal suprême, elle était conduite sur le pont Çinvat qui menait au paradis. Là la sentence de Rashnou s'accomplissait. Si la somme des bonnes actions l'emportait sur les mauvaises, elle franchissait le pont et allait recevoir sa place auprès d'Ormuzdt jusqu'au jour de la résurrection des corps ; — s'il en était autrement, elle était précipitée dans l'enfer où elle devenait la proie d'Angro-Maïnious.

trèrent les deux rameaux sortis de la branche himalayenne.

II

Asie Mineure.

La période d'invasion dura des milliers d'années. Les monuments ont conservé le souvenir de quelques-unes. Il y en eut bien d'autres dont nous n'avons pas encore trouvé les traces.

Nous savons que les Aryas colonisèrent l'Ethiopie, l'Egypte ; qu'ils exercèrent un grand empire en Susiane ; qu'ils s'établirent de longs siècles à l'embouchure du Tigre et de l'Euphrate ; qu'ils passèrent en Mésopotamie et fondèrent les royaumes d'Aramée et de Syrie ; qu'ils établirent des comptoirs commerciaux à Joppe, à Sidon, à Tyr, dans toute la Phénicie et dans tout le Canaan ; enfin, qu'ils parvinrent à l'extrémité occidentale de l'Asie Mineure par la Lycie, la Carie et la Lydie, changeant de nom à chaque station ou à chaque période.

Nous savons que les Touraniens, doublés probablement des Scythes, s'établirent en Médie, traversèrent plusieurs fois les monts Cosséens et, après avoir chassé les Aryas des bords du Tigre et de l'Euphrate pour fonder le grand empire chaldéen, envoyèrent de nombreux rameaux duns l'Arabie, le long de la mer Rouge, en Syrie et probablement dans le Pont, la Bithynie et la Mysie.

Quant à établir une rigoureuse chronologie, dans ces multiples invasions, c'est là une chose absolument impossible dans l'état actuel de la science des inscriptions.

Qu'il nous suffise de savoir que, toujours resserrés entre les montagnes qui bordent la mer Erythrée, le golfe Persique, le désert d'Arabie, la Méditerranée et la mer Egée, les peuples de race aryenne ont cherché de bonne heure leur expansion sur les flots, qu'ils sont devenus marins et commerçants par nécessité, et qu'en se donnant en Asie la mission de relier l'Orient à l'Occident, ils sont arrivés promptement à une haute civilisation qui leur a permis d'exercer une influence prédominante en Asie Mineure et en Europe, et le long des côtes de la mer d'Arabie jusqu'à l'Inde.

C'est surtout dans le langage que cette supériorité est sensible; elle nous affirme, d'une façon irrécusable, la victoire remportée par les Aryas. En effet, tandis que le dialecte touranien demeure dans toute la rudesse de sa création pamirienne, qu'il n'arrive à former les relations des mots qu'en *agglutinant* aux racines des particules invariables, les dialectes aryens s'épurent et viennent peu à peu prêter leurs richesses grammaticales à toutes les formes de la pensée. Aussi le touranien passe-t-il rapidement au rôle de langue sacrée; elle n'est plus parlée dans le commerce journalier, elle n'est plus enseignée que dans les écoles et dans les temples. L'Aryen finit même par lui voler impudemment les caractères de son écriture, tout en conservant à ces derniers l'ancienne forme et l'ancienne prononciation, il leur attribue des sons nouveaux.

Maintenant que la fusion des deux races s'est faite en Asie Mineure par le temps, par le fer, par le feu, par le commerce, la langue et le dogme, il nous faut arriver aux époques nouvellement acquises à l'histoire pour connaître les influences que tous ces agents ont, à leur tour, exercées sur les croyances originelles des peuples qui habitent l'Asie Mineure et les alentours. Trois grands empires y jouent alternativement un rôle prépondérant : l'Egypte, l'Assyrie et la Phénicie. A l'époque où nous allons en étudier les religions, il serait bien difficile de reconnaître la quantité de sang autochtone, arya, touranien ou khouschite qui circule dans les veines de leurs populations.

L'Assyrie surtout, traversée en tous sens par les hordes conquérantes, a perdu tout cachet d'originalité confessionnelle. Comme les Aryas, comme les Touraniens, elle continue à adorer les forces et les manifestations de la nature ; mais elle les a doublées chacune d'un agent féminin. Le dieu créateur Bel, Bélus, ou Baal, a pour compagne Belthis, ou Mylitta-Thauth ; le soleil, Mérodach, Samas, Sol ou Hammu, est flanqué d'Aï-gula Zarpanit, Nébo de Warmita, Ea ou Ao de Dawkina ; Nisroch-Salman, dieu de la fécondité humaine, forme un couple avec Mylitta-Zarpanit, la déesse de la terre, etc. « L'ordre de préséance de ces couples divins, » nous dit Maspéro dans son *Histoire ancienne*, « se règle au hasard de la politique ; celle des villes qui exerce l'hégémonie sur les autres villes chaldéennes impose son dieu aux autres dieux. » — Cependant, sous Sarkin, deux mille ans avant notre ère, les prêtres coordonnèrent un système olympique.

Le dieu suprême est Ilou : il crée la matière (Anou, Nou, Oannès) et le Verbe (Bel). Ils ont pour compagnes : Anat, Bélit, Thauth. Au-dessous et formant la seconde trinité se trouvent : Sin, le dieu Lune ; Samas, le dieu Soleil ; Bin, le dieu Atmosphère.

Puis viennent les dieux planétaires : Adar, Saturne, Hercule, le terrible, le destructeur des ennemis ;

Mérodach ou Mardouk, — Jupiter, qui se confond avec Bel ;

Nergal, — Mars, le roi des batailles, le champion des dieux ;

Istar, — Vénus, nature, guerre, volupté, Zirpanit ;

Nabou, — Mercure, « est le capitaine de l'univers, l'ordonnateur des œuvres de la nature qui fait succéder au lever du soleil son coucher. » On le regardait, dit Maspero, comme le type de tout ce qu'il y avait de parfait sur la terre et le modèle auquel les rois devaient s'efforcer de ressembler.

Tous ces dieux formaient le grand conseil des Douze, qui présidaient au douze signes du zodiaque.

Un rameau de la branche touranienne, les Mèdes, qui avait accepté la religion de Zoroastre, en corrompit bientôt les traditions élevées pour y substituer des pratiques de sorcellerie. Partant de cette idée que les génies du bien étaient nécessairement bons par nature, ils s'inquiétèrent peu de leur rendre un culte suivi. Quant aux esprits pervers, c'était autre chose. Comme ils avaient puissance de faire souffrir les hommes par toute sorte de tourments physiques et moraux, il fallait se les rendre favorables à tout prix.

Il n'est pas de basses adulations qu'ils ne prodiguent dans leurs prières aux génies du mal et surtout à leur chef Angro-Maïnious, dont ils firent l'égal d'Aouramazda. Les prêtres de cette sorte d'hérésie acquirent bientôt, dans les pratiques exclusives de ce culte étrange une grande renommée sous le nom de Mages. Distributeurs de philtres, faiseurs d'incantations et de miracles, prédisant l'avenir, médecins à leurs heures, ils furent vite regardés comme des puissances terrestres auxquelles il fallait se soumettre. Ils finirent par dominer à la fois les peuples et les rois. Il est vrai que comme compensation à tant d'abaissement, ils rendirent quelques services à la science en étudiant les vertus des plantes dont ils se servaient pour leurs exorcismes. Leurs pratiques se répandirent dans toute l'Asie Mineure et en Egypte, et de là rayonnèrent sur tout le bassin méditerranéen.

L'Egypte a marché d'un pas non moins sûr dans la création de son Olympe. Elle admet, dès le début des âges monumentaux, un dieu unique, Nou, l'océan, lequel est parfait, intelligent, incréé, immuable, insaisissable aux sens. Il est un, mais se divise en une trinité impersonnelle et inséparable de lui. Cette trinité n'altère pas son unité; chacun des membres qui la constitue produit à son tour de nouvelles trinités qui, toujours engendrées, descendent par échelons insensibles jusqu'aux derniers règnes de la nature. Les plus célèbres sont : Ammon, Phtah, Osiris. La division politique en nomes contribua à l'anarchie olympique de l'Egypte. Chaque nome avait son dieu principal et ses gradations trinitaires, ce qui ne l'empêchait pas d'adjoindre à ce système théique, selon ses intérêts du jour, tels ou telles des divinités du nome voisin. A ce premier groupe de divinités bienfaisantes était opposé un système de puissances ténébreuses, hostiles et malfaisantes en lutte avec le premier. La victoire appartenait toujours au bien, mais le mal n'en était pas pour cela détruit, et la lutte continuait et devait se poursuivre toujours.

Les incarnations divines étaient fréquentes. Chaque fois qu'elles étaient utiles, le Dieu suprême prenait la forme humaine : celle d'un roi dans les premières époques : Ra, Shou, Seb, Osiris, Set, Hor; celle d'animaux tels que chats, crocodiles, serpents, bœufs, oiseaux, boucs, aux époques de décadence.

De toutes leurs créations olympiques, celle d'Osiris paraît avoir été la plus générale et la plus populaire. — Osiris est le dieu Soleil ; il y brille pendant le jour et il régit les phénomènes terrestres. Il a pour ennemi Set, qui, chaque soir, le terrasse et le plonge dans l'Océan ; mais chaque matin Osiris reparaît victorieux et radieux pour reprendre sa fonction bienfaisante (1).

On voit, par ce rapide aperçu, que les Egyptiens avaient poussé très loin leur conception théique ; ils ne demeurèrent pas en arrière non plus dans l'analyse des causes. Ils étaient parvenus à distinguer dans l'homme le corps, l'esprit et l'âme. En morale,

. (1) C'est lui qui juge les âmes comme le Rashnou du mazdéisme.

outre le dogme mazdéen de la rémunération et du châtiment des actions d'ici-bas, ils parvinrent à dégager des limbes de l'égoïsme pamirien les sentiments de justice, de charité et d'amour du prochain bien avant Confucius.

Quant au dogme de la métempsycose, qu'on reproche tant aux Egyptiens, c'est assurément une conception aussi remarquable que celle de notre enfer chrétien. N'oublions pas d'ailleurs que ce retour à l'existence était expiatoire, et qu'à ce titre il était bien suffisant pour réfréner les passions et exclure toute brutalité dans les relations avec les animaux.

Il y a peu de chose à dire de la religion phénicienne. Jamais les peuples qu'on a désignés sous le nom de Phéniciens, depuis l'isthme de Suez jusqu'en Asie Mineure, n'ont été sérieusement constitués comme l'Egypte et l'Assyrie. Tantôt c'était Sidon, qui attirait à elle toutes les forces vives de la côte méditerranéenne; tantôt c'était Tyr ou Joppé. Les navires lancés sur les flots allaient à celle de ces stations qui avait la prééminence politique. Dans l'enceinte de ces cités, il se produisait un indicible mélange de races, de langues, d'intérêts, qui amenait le développement rapide des intelligences et, avec lui, le fruit qui en résulte d'ordinaire, c'est-à-dire une tolérance absolue pour tout ce qui touche à la forme et au dogme. Les dieux de l'Assyrie et de la Chaldée semblent y avoir plus particulièrement dominé, au moins dans les premiers temps. Les pratiques minutieuses de l'Egypte et, en particulier, ses rites funéraires si détaillés, si immobiles dans leur rigidité, ne pouvaient s'acclimater sur une terre toujours en mouvement comme la mer, ni parmi des populations pour qui le temps représentait l'argent et ses jouissances rapides. Formés d'ailleurs d'éléments les plus divers, les Phéniciens avaient vite perdu les caractères religieux et politiques de la race ; les nécessités de leur vie aventureuse étaient trop impérieuses pour leur permettre de s'immobiliser dans un culte ou une croyance. On adorait les dieux étrangers ou phéniciens, mais on les adorait tous indifféremment, et c'était à la hâte qu'on leur dressait l'autel, qu'on y allumait le feu sacré et qu'on y brûlait les victimes. Les fouilles faites en Phénicie ne nous ont presque rien appris sur leur Olympe qui différât des croyances chaldéennes : Adonaï et Zarpanit-Mylitta-Thauth, son épouse, paraissent cependant y avoir dominé les autres dieux. L'un est l'élément mâle de la création, l'autre l'élément femelle (soleil et terre, feu et eau).

III

Le culte phallique.

Nous avons dit que, outre les conceptions panthéoniques que nous avons énumérées, il se développait parallèlement un peu partout, dans l'Inde, en Bactriane, en Médie, en Egypte, en Assyrie et dans toute l'Asie Mineure, un culte mystérieux et antique que nous avons appelé le culte du feu, mais qui n'est en réalité que l'adoration de l'Etre créateur considéré sous ses deux formes, mâle et femelle. Nous l'appellerons aujourd'hui le culte phallique, parce que le phallus ou organe masculin en a toujours et partout été le symbole visible.

Pour bien comprendre ce système, il ne faut plus tenir compte des limites géographiques ; il est nécessaire que par la pensée nous fassions table rase des nationalités diverses qui se sont successivement formées dans telle ou telle région, puis transportées ailleurs, puis fondues dans un autre ensemble. Le culte dont nous allons parler est universel. C'est lui qui lie ensemble toutes les croyances religieuses du monde, et c'est probablement par son canal qu'elles se sont transfusées les unes dans les autres.

Originaire de Pamir, il a eu la destinée de la religion pamirienne ; il viendra avec elle jusqu'en Asie Mineure et en Egypte, et de là se répandra dans tout le bassin méditerranéen, en Grèce, en Italie, dans les Gaules, dans la Grande-Bretagne et les régions du Nord, qui peut-être l'ont déjà reçu directement, par des migrations des temps monumentaux.

Toutefois, c'est dans le mazdéisme qu'il nous faudra spécialement l'étudier, non pas que ce soit là son origine, mais parce que c'est là que la science de nos jours a pu le connaître, au moins jusqu'ici, dans son plus grand développement.

Au sommet du système phallique se trouve Bérécécingh, le feu primordial, la faculté de vie qui existe dans toute la création. De Bérécécingh émane Mithra, le feu solaire, qui, dans le panthéon de l'*Avesta*, occupe le premier rang des Izeds et qui, dans celui du védisme, personnifie le soleil. Son nom est sanscrit; il signifie « ami. » Des fêtes mystérieuses ont été instituées de tout temps et partout en son honneur. Nous verrons dans la suite quelle liaison existe entre les cérémonies mithriaques et celles d'Isis, d'Adonis, de Tammuz, d'Apollon et de Cybèle. Après Mithra, et toujours émanant de Bérécécingh, viennent Gouschap, ou le feu des étoiles; Bersin ou le feu de la foudre; Behramon, le feu des métaux; Khorbad, le feu des plantes; Nériocingh, le feu des animaux; etc.

Au culte phallique se rattachent plusieurs divinités, telles que Sandès, qui est l'Hercule grec; Zour, l'eau douée de la faculté purificatrice, et Houfraedmodad, l'oiseau, symbolique représentation du phallus, lequel prophétisait. C'était lui qui était regardé comme le défenseur des hommes contre les dévas, et du monde contre les entreprises d'Ahriman. Au reste, les oiseaux sont, en général, considérés comme les intermédiaires naturels entre les puissances célestes et l'homme.

Voici la légende de Mithra. Il était fils du mont Albordj (l'Olympe mazdéen). C'était, dit Clavel dans son *Histoire pittoresque des religions*, « le rayon de
» feu jaillissant du rocher, pénétrant et embrasant
» le sein de la terre. On le figurait emblématique-
» ment sous la forme d'une pierre... On attribuait
» à Mithra la création de l'univers, et on lui don-
» nait le titre de grand ouvrier, d'architecte, parce
» qu'il était Zéruane-Akéréné lui-même, se produi-
» sant sous une forme sensible...

» C'est Mithra, qui dirigeait la marche harmonieuse
» des astres avec les sons de sa lyre... Il fécondait
» la nature, combattait les fleaux qui la désolent, ré-
» pandait sur la terre les bénédictions du ciel,
» proclamait la parole divine... On l'appelait encore
» l'Amour, le roi des vivants et des morts, le pro-
» tecteur et le chef des croyants, le pur, le saint, le
» savant par excellence. On disait qu'il était doué
» d'une triple énergie, qu'il était triple et un, parce
» que son essence ÉCLAIRE, ÉCHAUFFE ET FÉCONDE à
» la fois. Habitant tour à tour les deux royaumes de
» la lumière et des ténèbres, d'Ormuzdt et d'Ahri-
» man, il participait de la nature de l'un et de l'au-
» tre, et se plaçait entre eux comme une puissance
» médiatrice. Il ramenait les âmes à Dieu en suivant
» la carrière du soleil à travers le zodiaque ; il avait
» son siège de prédilection entre les signes supé-
» rieurs et les signes inférieurs, c'est-à-dire, dans
» l'ancien langage usité encore aujourd'hui parmi
» les francs-maçons, *au milieu*, vers le point qui
» fait la transition de la lumière aux ténèbres. C'est
» de là qu'il partait, soit pour conduire les âmes à
» la vie, soit pour les en ramener. Il présidait à tou-
» tes les initiations et à toutes les pratiques qui pou-
» vaient assurer le salut. Suivant l'*Avesta*, il portait
» sur sa tête le soleil de vérité et de justice ; dans sa
» main, la massue d'or, éternelle, vivante, intelli-
» gente, victorieuse ; il était monté sur le taureau
» fécondant et générateur, qu'il immolait pour déga-
» ger l'âme impérissable du monde de ce vase péris-
» sable où elle est emprisonnée. Ce taureau unique,

» d'où proviennent tous les corps, et qui doit mourir
» pour que le principe de vie vienne les animer, est
» une victime propitiatoire de la création, pareille à
» cette autre victime également unique, également
» divine, que nous avons vue, dans les *Védas*, im-
» molée par le Créateur, dans le premier de tous les
» sacrifices. »

Le feu terrestre était peu à peu venu symboliser et rendre palpable la croyance mithriaque. La vénération que les Perses avaient pour cet élément était extrême. Jamais le feu ne devait s'éteindre, une fois qu'il avait été allumé. De là, la nécessité de créer un corps privilégié pour veiller à son entretien. Ce fut l'une des fonctions réservées aux Mages. Au foyer domestique, le feu était l'emblème de l'ancêtre et du plus éloigné de tous, le Soleil-Créateur. Chaque chef de famille en avait la garde. Il devait l'entretenir, veiller à ce qu'il ne fût point souillé, assembler autour de lui toute sa maison pour la prière, lui donner la nourriture sacrée. C'est de ces diverses fonctions que le chef de famille tirait son caractère sacerdotal; ce sont elles qui, à leur tour, sont la source de tous les privilèges d'aînesse et de castes que l'on rencontre dans toutes les sociétés antiques.

Les représentations figurées de Mithra, nous le montrent sous les traits d'un jeune homme, vêtu d'une tunique et d'un manteau, ayant sur sa tête le bonnet phrygien, à genoux sur un taureau abattu, qu'il frappe d'un glaive ou poignard. Cette image symbolise bien la force génératrice de la nature au printemps, lorsque le soleil entre dans le signe du taureau, animal que, d'après le mazdéisme, il faut immoler pour en faire sortir le germe fécondant qu'il tient en dépôt.

L'eau était également sacrée ; elle formait, avec le feu, la dualité créatrice qui se résolvait en une seule personne divine. Mithra est à la fois le principe masculin et le principe féminin ; d'un côté, lumière, chaleur, phallus ; de l'autre, ombre, humidité, ctéis. C'était la terre qui répondait le mieux à l'idée de principe féminin ; aussi, c'est elle qui a été regardée toujours comme la compagne du soleil. Ainsi donc, quels que soient les noms zends, sanscrits, égyptiens, syriaques, grecs, romains ou celtiques, qu'il plaise à chaque nation de leur donner, nous devons avoir toujours dans l'esprit ces dualités créatrices et unipersonnelles : En face du Dieu suprême, l'univers ; en face du soleil, la terre ; en face de la lumière, les ténèbres ; en face du feu, l'eau ; en face du phallus, le ctéis. L'ensemble de ces éléments constitue le culte que nous avons appelé phallique et qui est propre à toutes les religions qui ont dominé le monde jusqu'à l'avènement du bouddhisme et du christianisme qui n'ont pu s'en débarrasser complètement.

Toutefois, en passant d'une nation à l'autre, ce culte a pris diverses formes qui correspondent au génie spécial de chacune d'elles et aux intérêts de temps et de lieux qui les ont dominées ou caractérisées.

Ce sont ces formes que nous allons étudier rapidement.

IV

Divinités phalliques.

Le culte d'Apollon est-il bien spécial à la Grèce, comme l'affirme notre savant orientaliste Oppert ?

Consultons d'abord les témoignages écrits. Voici Cicéron qui nous parle de quatre Apollons auxquels les anciens ont rendu les honneurs divins. Le premier, dit-il, était fils de Vulcain, dieu du feu, que les Grecs appelaient Héphaistos et assimilaient au Phtah des Egyptiens. Le second et le troisième paraissent se réduire, d'après son aveu, à une seule personne divine. L'un, fils de Corybas, serait né dans l'île de Crète, qui fut de bonne heure colonisée par les Khouschites et Phéniciens et qui, sous le règne de Minos, avait pour capitale la ville d'Apollonie; l'autre, fils de Jupiter et de Latone, s'établit à Delphes, venant de Scythie. L'auteur romain déclare que le quatrième était né en Arcadie et qu'il avait donné des lois aux Arcadiens. Or, l'Arcadie est précisément le centre du Péloponèse où s'établirent les tribus pélasgiques de race aryenne ; elle a même été appelée autrefois Pélasgie. En somme, les quatre Apollons signalés par Cicéron ont tous une origine orientale.

Tacite le fait naître à Ephèse, en Ionie (Asie Mineure). Lucien dit qu'il existe en Syrie un temple dédié à Apollon, dans lequel une statue du dieu du soleil rend directement des oracles. Il fait mention d'une particularité bizarre pour nous Occidentaux qui, jusqu'ici, n'avions vu le dieu des arts et de la musique qu'à travers la forme nue et académique de la Grèce. La statue syrienne était, paraît-il, habillée et barbue. Vossius croit que le Jubal de l'Ecriture sainte n'est autre que le fils de Latone. Bochart affirme que la légende d'Apollon a pris naissance en Orient et probablement en Phénicie. Il en trouve la preuve dans l'étymologie du mot *Python* qui signifie « serpent » dans le langage phénicien. Pausanias pense que ce dieu est originaire d'Egypte. Disons enfin, pour terminer cette longue nomenclature de témoignages anciens que Hésychius déclare formellement que les Crétois et les Pamphyliens honoraient Apollon sous le nom d'Abellion.

Ce n'est pas tout ; seize villes, toutes placées autour de l'Asie Mineure ou en Egypte, ont porté, dans l'antiquité, le nom d'Apollonie ou Apollonée. Il y en a trois en Macédoine ; deux dans l'île de Crète ; une dans une île du Pont, près la Thrace ; une en Mysie ; une près d'Ephèse ; une en Phrygie ; une en Galatie ; une près de Joppé, en Palestine ; une en Syrie, près d'Apamée ; une en Cœlésyrie ; une en Assyrie ; une en Cyrénaïque, dans la Libye ; enfin, une en Egypte, dans la nome des Apollopolites. Pas une n'est située en Grèce.

En faut-il davantage pour prouver que le culte d'Apollon ne s'est introduit en Grèce que par l'Asie Mineure ou l'Egypte et qu'il est, par conséquent, de provenance aryenne ou touranienne? Nous ne le pensons pas. Si c'était ici le lieu de développer toutes les preuves que nous fournissent les fonctions et attributs de ce dieu qui a pris une place si importante dans les mythologies hellénique, italienne et celtique, nous pourrions en fournir un véritable arsenal. Aussi, lorsque nous avons lu, pour la première fois, l'étrange affirmation d'Oppert, mettant au défi le monde savant de trouver dans le panthéon hindou les figures mythologiques de Kronos, Apollon, Artémis, etc., nous nous sommes demandé comment il serait possible qu'Apollon, par exemple, le dieu du soleil, dieu tout hymalayen, fût une exception à la règle générale, qui veut que les peuples s'empruntent leurs croyances les uns aux autres en les appropriant à leurs mœurs, à leurs besoins du jour, à leurs intérêts du moment. Nous sommes heureux aujourd'hui de pouvoir montrer que la règle de translation religieuse est une règle générale et qu'elle ne souffre pas d'exceptions, au moins pour les dogmes principaux.

Apollon est regardé, par les Grecs et les Romains, comme le dieu inventeur de l'harmonie, de la médecine, de la botanique, de la chasse, de la poésie et comme le conducteur du soleil. Quelle est, dans la religion du pays de Kémé (Egypte), la divinité qui répond le mieux à cette conception occidentale ? C'est évidemment Osiris. Voici en effet ce que Diodore de Sicile eût pu se faire lire par les hiérogrammates sur une colonne de Nysa d'Ethiopie : « Je suis
» le roi Osiris ; Saturne... est mon père. J'ai parcouru
» le monde en vainqueur jusqu'au fond de l'Inde,
» puis au nord jusqu'aux sources de l'Ister (Danube)
» et à l'occident jusqu'à l'Océan... Je suis le produit
» d'un germe noble et généreux qui n'est pas celui

» d'où est sorti le genre humain. Je suis l'inventeur
» et le promoteur des arts, et je n'ai visité aucune
» contrée sans les y faire fleurir. » Beauregard, dans
ses *Divinités égyptiennes*, dit, p. 253 : « Quelquefois
» Phtah est identifié avec le Soleil et avec Osiris. »
En effet, Osiris était, en Egypte, la personnification
du Soleil et le créateur de l'univers. Enfin, on lit
dans Moréri, p. 717 : « Comme *Adonis* signifie « sei-
» gneur, » *Osiris* ou *Ahhesiorets*, en phénicien, veut
» dire : « la terre est ma possession. » Il s'appliqua
» beaucoup à l'agriculture et à la chasse, où ayant
» été blessé par un sanglier dans l'aine, on le crut
» mort ; mais il en guérit. Pour célébrer la mémoire
» de cet événement, Isis, sa femme, ordonna que
» tous les ans on pleurerait Adonis ou Osiris comme
» perdu, et qu'on se réjouirait ensuite comme l'ayant
» retrouvé. » On le voit, l'Osiris d'Egypte n'est que
l'Apollon grec.

Voyons maintenant si nous serons aussi heureux en Chaldée. C'est Nisroch-Salman, le dieu solaire, qui nous paraît répondre le mieux à la conception grecque et italienne d'Apollon.

Remarquons tout d'abord que les peuples assyriens, plus mélangés que ceux d'Egypte, n'ont pas pu conserver leur doctrine pamirienne avec la même précision que leurs voisins du Nil. Divisés et subdivisés en mille petites monarchies dont les capitales, Ourough, Nipour, Our, Borsip, Babylone, Sippara, Ninive, etc., étaient sans cesse en rivalité, tout en conservant à leur Olympe les caractères et fonctions typiques, ils ont modifié les noms de leurs dieux.

Ainsi, Anou, Bel, Sin, Merodach, Samas, Nisroch-Salman ne sont en réalité que le dieu mâle, suivant qu'il est examiné dans telle ou telle province. Les compagnes de ces divinités s'évanouissent également dans le principe femelle divin. Ainsi, Anat, Belit, Thauth, Zarpanit, Dawkina, Mylitta, les épouses célestes, sont toutes plus ou moins les divinités qui représentent la terre, l'élément fécondable par le soleil. Il faut nous habituer à cette confusion de mots, au moins à l'origine religieuse, si nous voulons comprendre quelque chose à ces croyances primitives. Arrivons maintenant aux inscriptions qui nous donneront les rôles attribués au soleil, principe mâle, créateur :

« I. Sargon a construit ce temple du dieu de la lune et du dieu du soleil... en l'honneur du maître des bataillons... qui donne la paix au pays d'Assyrie.

» II. ... Nisroch-Salman dirige les mariages ; la souveraine des dieux préside aux enfantements ; j'ai consacré les grandes portes du Nord à Nisroch-Salman et à Mylitta (sa compagne).

» III. Bel ... le démiurge, le seigneur du monde, le maître de toutes les contrées, le souverain des esprits.

» IV. Nouah, nommé aussi Nisroch et Salman (ou sauveur), est appelé « le guide intelligent (du Soleil), le seigneur du monde visible, le maître des sciences, de la gloire, de la vie. »

N'est-ce pas là encore l'Apollon des Grecs et des Romains ? N'est-ce pas là le Mithra mazdéen et pamirien ?

V

Fleuves phalliques.

Passons maintenant en Phénicie et voyons ce qu'était cet Adonaï dont les Grecs ont fait Adonis.

Adonaï, d'après Moréri, est un fleuve de Phénicie qui prend sa source vers le Liban et se déverse dans la mer de Syrie près de Biblos. Il y avait sur ses bords un temple bâti en l'honneur d'Adonis, où l'on célébrait tous les ans sa mort par des lamentions, sa résurrection par de manifestations joyeuses.

Qu'était-ce que ce personnage d'Adonis? La légende égyptienne l'assimile, comme nous l'avons vu, à Osiris. C'est donc en Egypte et dans la légende osirienne que nous trouverons la réponse à cette question.

Voici la légende d'Osiris que nous empruntons à Beauregard (*Div. égypt.*, p. 127) :

« Osiris..... était l'aîné d'une famille de quatre en-
» fants qui sont : Osiris lui-même ; Isis, sa sœur ;
» Seth ou Typhon, son frère, qui s'unit à Nephtys,
» leur sœur.

» Seth n'eut point d'enfant de ses œuvres.

» Osiris, au contraire, eut d'Isis son fils Horus,
» complément de la triade manifestée.

» Après avoir donné des lois à l'Egypte et avoir
» mis l'agriculture en honneur dans la vallée du Nil,
» Osiris, laissant à Isis, aidée de Thoth, son ministre
» fidèle, le soin de gouverner, parcourut l'univers,

» semant sur son passage les bienfaits de la civilisation.

» Il revint en Egypte, où, à la suite d'une erreur
» de lit qu'il commit, Nephtys enfanta Anubis.

» Seth, se révoltant alors contre Osiris, son roi et
» son frère, le tua dans sa rébellion, et, comme pour
» indiquer qu'en cela il se vengeait de la fécondité
» adultère qu'Osiris avait apportée chez lui, il mu-
» tila son corps, en arracha les parties sexuelles, les
» jeta dans le Nil et abandonna le corps lui-même
» au courant du fleuve.

» Bientôt Horus, en compagnie de Thoth, pour-
» suivit Seth, le vainquit, s'en empara, le mit hors
» d'état de nuire et rétablit sur son trône sa mère
» Isis, que le meurtrier de son père en avait chassée.

» Maîtres du pays et délivrés de leur ennemi,
» Isis, Horus et Thoth se mirent à la recherche du
» corps d'Osiris.

» Ils le trouvèrent, après de longues investiga-
» tions, au bas du fleuve, retenu entre les branches
» d'un tamarin.

» Quant aux parties sexuelles d'Osiris, restées au
» fond du Nil, elles ne purent être retrouvées et n'en
» furent jamais retirées.

» Horus, aidé d'Anubis, alors devenu grand et
» resté attaché à Isis, qui l'avait élevé, rendit les
» derniers devoirs à son père Osiris.

» Isis, de son côté, après avoir, avec l'assistance
» de Nephtys, évoqué l'âme d'Osiris (1), érigea à son

---

(1) Osiris, revenu de l'autre monde, apparut à son fils Horus (Plutarque, *Isis et Osiris*, chap. XX).

» époux des statues dans les diverses provinces de
» l'Egypte pour y perpétuer sa mémoire. »

La légende osirienne a été expliquée par les anciens et par Plutarque en particulier.

Isis n'est autre que la terre égyptienne, l'épouse d'Osiris, le dieu solaire qui devient ici le Nil (1). Typhon est le serpent, le dieu du mal, l'aridité. Nephtys est la basse Egypte, marécageuse, rendue fertile par l'accouplement d'Osiris et les travaux de canalisation dirigés par Thoth (la science). Les parties sexuelles d'Osiris, restées dans le fleuve, sont l'image de ss fécondité éternelle. La résurrection annuelle d'Osiris, c'est l'inondation périodique.

Que voyons-nous en somme au fond de la légende osirienne ? Ce qu'il y a au fond de celle de Mithra : l'emblème régulier et annuel de la fécondité de la terre sous l'influence des dieux phalliques, Isis et Osiris.

C'est le même phénomène qui a amené en Phénicie une légende pareille. La rivière Adonis déborde au printemps. Nous n'en pouvons douter, car Lucien rapporte que le jour de la célébration de la fête adonienne, le fleuve de Phénicie devenait rouge comme le Nil au moment de sa crue. Cette couleur de sang lui était sans doute donnée par les alluvions ferrugineuses arrachées des flancs du Liban lors de la fonte des neiges.

Or, il est un fait avéré, c'est que dans ces contrées

---

(1) N'oublions pas que la tendance de l'antiquité a été de faire la lune mâle et le soleil femelle. Ces changements de sexe, et en particulier du feu en eau, sont fréquents dans les religions pamiriennes.

occidentales de l'Asie, que nous désignons sous le nom général d'Asie Mineure, il ne pleut presque jamais. Le sol demeurerait éternellement stérile si la Providence, qui veille à tout, n'avait pas remplacé les bienfaits de la pluie par l'inondation périodique des fleuves. Nous savons que l'Indus et le Gange débordent, et que le Tigre et l'Euphrate jouissent du même privilège. S'il en est ainsi, nous retrouverons des traces du culte fluvial phallique dans l'Inde et dans la Chaldée.

Pour la Chaldée, le phénomène de la crue périodique ne fait plus un doute depuis les travaux de MM. Layard et Rawlinson, qui ont annulé définitivement l'antique témoignage d'Hérodote, lequel prétendait que les anciens Chaldéens, n'ayant pas de débordement, puisaient directement aux fleuves, au moyen de machines élévatoires, l'eau nécessaire aux arrosages de leurs terres. M. Maspéro, qui a visité ces contrées, dit qu'au « moment de la fonte des nei-
» ges, vers le commencement et le milieu d'avril, le
» Tigre et l'Euphrate grossissent outre mesure, dé-
» bordent et ne rentrent dans leur lit qu'en juin, au
» temps des plus fortes chaleurs » (*Hist. anc. des peupl. d'Or.*). D'un autre côté, nous lisons dans Moréri, à l'article *Adonies* ou *fêtes adoniennes*, qu'elles étaient célébrées en Syrie et à Babylone sous le nom de *Sallamböo* donné à la Vénus locale (Bélit). Donc en Syrie et en Chaldée nous retrouvons également le culte des divinités phalliques associé aux légendes fluviales, comme en Egypte et en Phénicie.

Si nous voulions poursuivre cette étude, nous le

retrouverions également en Phrygie, en Palestine et dans l'île de Chypre.

Ch. Saint-Laurent, à l'article *Cybèle* de son *Dictionnaire encyclopédique*, dit : « On représente Cy-
» bèle sous les traits d'une femme robuste et avan-
» cée dans sa grossesse, symbole de la fertilité de la
» terre, dont elle est la déification. Elle a sur sa tête
» une tour (comme Isis)... Un tambour placé près
» d'elle figure le globe... Elle a plusieurs mamelles...
» Les taureaux lui étaient consacrés... Ses prêtres se
» mutilaient et se déchiraient la chair dans leurs cé-
» rémonies. Ses mystères étaient connus 1580 ans
» avant J.-C. Son culte passa de Phrygie en Grèce.
» Il ne fut connu à Rome que l'an 550 de cette ville.
» On y apporta sa statue sous la forme d'une grosse
» pierre. Ses fêtes étaient mêlées d'obscénités. On
» nomme encore Cybèle : Rhéa, Ops, Tellus, Vesta,
» la bonne déesse, la mère des dieux, Bérécinthe,
» Dindymène. »

Si nous voulons être convaincus que Jérusalem elle-même, la ville de Iaveh, a été infestée du culte phallique, nous n'avons qu'à prendre Ezéchiel au chap. VIII. Il y décrit les pratiques qui s'étaient glissées dans le temple, et l'assimilation est parfaite entre Adonis et le Thammuz, que pleurent les femmes assises devant la porte.

Les noms de Cythère, Paphos, Amathonte, Idalie, rappellent trop le culte phallique de la Vénus de Chypre pour qu'il soit possible de douter de son existence dans l'île.

Nous avons vu qu'en Grèce le culte d'Apollon était

incontestablement phallique. Il en fut de même à Rome. Nous nous étendrons davantage sur ce point lorsque nous traiterons des cérémonies phalliques.

La Gaule le reçut également de bonne heure. Mithra était une des divinités druidiques, probablement la même que les Gaulois adoraient, eux, sous le nom d'Abellion, les Romains des premiers temps sous celui d'Apellon, les Pamphyliens et les Crétois sous celui d'Abellon, et les Grecs sous celui d'Apollon, dieu soleil, dieu phallique par excellence.

Nous avons dit plus haut que l'Indus et le Gange jouissaient également du privilège de débordement périodique; pourtant le culte phallique ne paraît pas s'y être imprégné des légendes fluviales. La raison en est dans ce fait qu'il y a dans l'Inde une saison des pluies qui permet à la végétation de s'épancher au-dehors. De plus, l'Inde est parcourue par de nombreuses montagnes et parsemée de forêts et de bois qui sont autant de réservoirs d'eau se remplissant aux époques de pluie et laissant écouler leur provision à la période de sécheresse. C'est ce qui explique pourquoi les légendes phalliques fluviales n'ont pu se développer dans l'Inde et pourquoi l'esprit hindou les a tournées insensiblement vers Indra, le dieu pleuvant, lequel finit par dominer non seulement le dieu solaire, mais encore tout le panthéon indien.

Enfin, disons qu'on retrouve des vestiges du culte mithriaque jusque dans les religions scandinaves. Les enfants de Bore tuèrent le géant Ymer, et des débris de son corps construisirent le monde. En Amérique, on peut constater la présence du phallus dans certaines cavernes. A Saint-Domingue, Arthaud en découvrit un percé d'un trou pour être porté comme ornement.

On voit que nous avons eu raison de dire que cette religion phallique est bien la religion universelle.

A l'heure actuelle, nous pouvons poser nos conclusions. Elles se résument en ceci : Que la divinité phallique s'appelle Osiris, Nisroch-Salman, Adonis, Sallambôo, Thammuz, les peuples des pays où il ne pleut jamais ont adoré, sous ces noms divers, les bienfaits apportés par le débordement périodique des fleuves ; qu'elle se nomme Mithra, Vénus Cypriote, Abellion, Apellon, Abellon, Apollon et même Bacchus, les peuples des contrées où il pleut, en élevant leur cœur vers ces dieux, n'ont entendu rendre leurs hommages qu'aux esprits fécondants de la nature. Les uns et les autres n'ont, en réalité, adoré que la génération astrale, animale ou végétale dans ses éléments impulseurs.

« Le monde, animé par l'homme, dit Creuzer,
» reçut de lui les deux sexes, représentés par le ciel
» et la terre ; le ciel, principe fécondant, mâle et tout
» de feu ; la terre fécondée, femelle et source de l'hu-
» mide. Toutes choses sont issues de l'alliance de ces
» deux principes... Le *lingam* ou phallus est tout
» ensemble le symbole et le mystère de cette pensée
» religieuse. Les douze lingams de l'Inde divisés en
» mâles et en femelles, en phallus et en ctéis, nous
» donnent les douze dieux et les douze déesses de la
» Grèce, c'est-à-dire le soleil parcourant ses douze

» demeures et la lune ses phases analogues à tra-
» vers le zodiaque. »

VI

Mystères et cérémonies phalliques.

Les plus anciens mystères phalliques se célébrèrent en l'honneur de Mithra, le dieu solaire. La tradition rapporte qu'on lui rendait un culte dans des cavernes et des souterrains. On a retrouvé, en effet, des images de phallus dans certaines grottes de l'Inde. Les voûtes et les murailles des anciennes pagodes sont couvertes de ces simulacres. L'Inde est assurément le berceau où prit naissance cette mythologie de nature qui se répandit ensuite dans tout l'Occident avec les migrations pamiriennes.

La plupart des auteurs anciens sont d'accord sur ce point que Dionysius où Bacchus naquit du mont Mérou, et c'est même de la traduction grecque du nom de cette montagne qui, en langue hellénique, signifie « *cuisse*, » qu'est sortie la fable de Jupiter enfantant Bacchus par la cuisse. Thèbes, qui a conservé, comme nous l'avons vu plus haut, la doctrine pamirienne dans sa plus grande pureté, nous présente, dans un de ses temples, l'image nue d'Osiris (Bacchus). Le dieu tient dans sa main droite le phallus d'où rayonnent douze têtes qui représentent le panthéon védique dans l'ordre zodiacal. Rien de semblable n'existe dans la mythologie égyptienne ; il faut que l'artiste qui a exécuté cette œuvre en ait pris l'idée à l'extrême Orient. Peut-être l'image date-t-elle de la conquête arabe. En tout cas, elle nous sert aujourd'hui à prouver que le culte phallique vient de l'Est, c'est-à-dire des pays qui ont un grand conseil divin composé de douze dieux célestes.

Nous n'avons que peu de détails sur les cérémonies mithriaques ; elles devaient ressembler beaucoup à celles de Bacchus, d'Adonis et d'Osiris. Mithra est représenté assis sur un taureau qu'il immole pour en faire sortir la fécondité. Lorsqu'il est phallus, il porte sur sa longueur six divisions qui représentent les mois d'abondance auxquels il préside. Les Gaulois lui donnaient une forme bisexuelle. En 1598 on trouva, près de Dijon, dans un tombeau, une pierre cylindrique et creuse, enfermant, dans sa cavité, un autre cylindre peint. Voici la traduction de l'inscription gravée autour du premier cylindre : « Dans le bocage » de Mithra, ce tombeau couvre le corps de Chindo- » nax, grand-prêtre. Retire-toi, impie, car les dieux » libérateurs gardent mes cendres ! » Voilà une image phallique qui suffit pour nous démontrer l'existence du culte mithriaque en Occident. Il y est venu évi demment avec les migrations pélasgiques, phéniciennes ou scythiques.

L'étymologie que quelques auteurs donnent du mot *Bacchus* qui, d'après eux, serait formé de *Bar* et de *Chus*, ce qui signifie « fils de Chus, » rattacherait ce dieu à l'invasion khouschite, rameau des Sémites-Aryas, et confirmerait notre opinion que le culte de Dionysius ne serait qu'une forme occidentale de celui de Mithra en Orient. Au reste, nous n'avons qu'à consulter les multiples images grecques et romaines qui nous représentent Bacchus, pour être convaincus de son origine himalayenne. Il est, en effet, toujours représenté monté sur un char traîné par des panthères et des tigres, animaux qui ne vivent que dans les forêts de l'Inde, et dont l'histoire et la géologie n'ont jamais fait mention en Grèce ni en Italie.

L'ancien nom romain de Bacchus est *Liber*. Les vieilles médailles nous le montrent à la fois sous la forme mâle : *Liber*, et sous la forme féminine : *Libera*. C'est lui qui préside à toutes les semences liquides, végétales et animales.

Les cérémonies, fêtes ou mystères établis en l'honneur du dieu phallique, ont reçu divers noms suivant les pays où ils étaient institués. En Orient, ils s'appelaient Mithriaques, Osiries, Adonies, Cabiries, Dioscuries, Anactes ; en Grèce, Thesmophories, Eleusinies, Dionysies, Bacchanales ; à Rome, Saturnales, Priapées ou Ambarvales.

Tous ces mystères ont une ressemblance frappante, et pour ne pas fatiguer le lecteur par des répétitions incessantes, nous allons en détacher les caractères principaux en notant au passage les petites différences qui peuvent exister.

Le dieu phallique est toujours venu de l'Est. Il est constamment la déification solaire, s'il est mâle ; terrestre, s'il est femelle. S'il forme un couple, l'une des déités représente la chaleur et la lumière ; l'autre, l'humidité et les ténèbres.

Partout, il a légiféré et a appris aux peuples l'agriculture, les arts, le commerce et la morale, souvent la chasse et la science de la guerre.

Partout, sa fonction principale est la fécondation. Il l'exerce sur toute la nature, fleuves, plantes, graines, animaux.

Partout les bêtes qui, comme l'âne, le taureau, le bouc ont les appareils génitaux les plus développés, lui ont été consacrées.

Partout les phallus et les ctéis lui ont servi de symbole. Ces phallus et ces ctéis semblent avoir remplacé des représentations plus anciennes et plus grossières qui n'étaient que de simples pierres ayant plus ou moins la forme du lingam.

Partout le dieu phallique est créateur universel ou fils du créateur universel.

Partout il est en butte à des ennemis acharnés qui veulent lui ravir la semence de vie qu'il tient en dépôt : l'immortalité ou la fécondité.

Partout ses ennemis constituent en face de lui des puissances rivales, devant lesquelles il succombe parfois sans que soit anéanti son principe générateur, sa faculté créatrice.

Partout les cérémonies instituées en son honneur ont eu lieu à deux époques : au printemps et en plein été ; au réveil de la nature ou à sa complète expansion.

Partout ces mystères ont eu deux phases : l'une, de deuil, caractérisant la crainte de stérilité; l'autre, de joie, symbolisant le retour de la fécondité.

Partout les fêtes phalliques ont été célébrées à

grand renfort de cris, de mouvements désordonnés ou rythmiques et d'instruments de musique.

Partout il y a eu des prières, des bénédictions processionnelles et des excès de langage se traduisant par des grossièretés.

Partout on a immolé les animaux consacrés ou offert les fruits de la terre.

Partout on a exposé à la vénération des croyants des images priapiques.

Partout il y a eu participation des deux sexes humains au cérémonial, outre les prêtres consacrés à cet office.

Partout il y a eu des initiations et des épreuves plus ou moins sérieuses imposées aux profanes candidats.

Dans les Saturnales, patrons et esclaves s'asseyaient à la même table en signe de l'égalité qu'on prétendait avoir existé à l'âge d'or. Dans les Libéries, c'était la plus honnête dame de la ville qui allait couronner le phallus. Dans les Bacchanales, les bacchantes couraient la nuit, armées de flambeaux, couronnées de pampres et de lierre et couvertes de peaux de panthères et de tigres. Les hommes, vêtus en satyre, suivaient, portant le thyrse enguirlandé de feuilles de vigne. Quelques-uns étaient montés sur des ânes. Dans les Thesmophories, des vierges portaient sur leurs têtes le Potama, livre sacré, qui contenait les mystères secrets. Les femmes, étendues sur le parvis du temple, ne pouvaient ni boire ni manger tant que les cérémonies n'étaient point terminées. Il y avait deux sortes d'Ambarvales ; l'une, publique, à laquelle participaient la ville, le village ou le hameau ; l'autre, privée, pour la maison. Des prêtres Arvaux célébraient la première, le chef de famille avait le soin de la seconde. A Eleusis, il y avait les grands et les petits mystères. Un an suffisait pour l'initiation aux derniers ; cinq ans étaient nécessaires pour arriver aux premiers. Les Pélasges de Samothrace célébraient ces fêtes en souvenir d'un de leurs rois, Camillus, lequel avait été mutilé et tué par ses frères. Corybante était un nom général attaché aux prêtres phalliques. Priape n'est que le Belphégor de la Palestine. Enfin, les Dioscures se rattachent stellairement au culte du phallus. En effet, les anciens croyaient que les deux étoiles de Castor et Pollux, signe des jumeaux, ne pouvaient jamais être vues à la fois ; de là, cette fable de l'immortalité partagée entre les deux frères ; de là aussi ce culte intermittent qui est bien le cachet caractéristique des cérémonies phalliques.

CHAPITRE IX.

THÉOGONIES. — THÉOLOGIES. — BUT FINAL DE L'ÊTRE.

I. *Conceptions divines.* — Panthéon hindou. — Parabrahma. — Brahma, Wichnou, Siva. — Dévas et Assouras. — Chine, le Ciel et les génies. — Perse, Temps et Lumière, Ormuzdt et Ahriman, le réformateur Zoroastre. — Touraniens, esprits favorables et défavorables. — Assyrie et Chaldée, adoration des astres. — Egypte, Osiris, la Justice. — La pitié et la miséricorde sont inconnues dans l'antiquité. — Hébreux, le Dieu fort.

II. *Conceptions religieuses.* — Inde, immortalité de l'âme, paradis et enfers, métempsycose. — Magisme, terre à terre de ses conceptions religieuses. — Chine, loi universelle et rationnelle. — Egypte, immortalité de l'âme, vie future, absorption en Osiris. — Hébreux, matérialisme de la conception mosaïque.

III. *But final de l'Etre chez les Aryas et les Arabes.*

I

Conceptions divines.

Maintenant que nous avons esquissé brièvement l'histoire politique des divers peuples qui ont exercé dans l'antiquité quelque influence sur la direction de nos croyances religieuses, nous allons suivre à travers les âges les grandes idées communes à tous les groupes sociaux, en notant au passage les modifications qu'y apporta le génie propre de chaque nation.

Parmi ces idées communes, nous allons étudier plus spécialement la conception divine, la conception religieuse, le but final de l'être, l'organisation civile, politique et sociale, l'état de l'industrie, des arts, de la science, enfin la morale. Ce travail, très intéressant en lui-même, nous fournira les éléments nécessaires pour caractériser chaque famille humaine d'après son utilité, sa mission, son influence; en un mot, son rôle religieux et moral. Ainsi fortifiés contre les erreurs sans nombre dont le temps et divers intérêts se sont plu à semer la grande route historique et religieuse de l'humanité, nous serons mieux préparés à recevoir la connaissance du Vrai, l'un des éléments de cette triade sacrée, qui, avec le Bien et le Beau, complète le but de l'homme ici-bas.

La conception divine, à l'origine religieuse d'un peuple, est rarement nette et précise; l'essence, la fonction, les attributs de la Divinité demeurent longtemps mal déterminés. Sans doute, la puissance et la force sont des qualités qui ne sont jamais contestées aux dieux, car leur raison d'être n'est que là; mais le cortège des attributs moraux a besoin, pour être fixé, d'un développement que le temps et la critique peuvent seuls formuler.

C'est surtout dans le caractère de ces attributions morales accordées à ses divinités que chaque peuple se révèle. La notion divine s'épure donc dans une même famille religieuse (et nous verrons qu'elle se perfectionne également en passant par diverses nations et des milieux divers); elle finit, comme toute chose perfectible, par acquérir un *summum* après lequel elle décline. Pourtant, à travers les trois périodes de croissance, de stagnation et de décroissance que l'histoire nous montre dans toutes les religions, il y a, relativement à la conception divine, un certain nombre d'idées communes à l'origine, au milieu, à la fin, idées qui forment pour ainsi dire le critérium divin. Ce sont ces idées et celles-là seulement que nous mentionnerons sous le titre de conceptions divines.

Il est incontestable que l'Inde antique plaça à la tête de son panthéon un dieu souverain, Parabrahma, et trois dieux secondaires, Brahma, Wichnou et Siva, ses fils. Brahma créa le monde ; Wichnou fut chargé de le conserver ; Siva reçut pour mission de le détruire. Ainsi donc l'Inde fut monothéiste en ce sens qu'elle ne considéra les trois dieux inférieurs que comme des émanations de Parabrahma. Dans ce panthéon, Wichnou et Siva sont les oppositions que la Perse lui empruntera plus tard. Wichnou, dans l'Inde, représente constamment ce qui est bien, ce qui est bon, et Siva ce qui est mal ou nuisible. Au-dessous de ces dieux se trouvent des divinités d'un rang inférieur : ce sont les Dévas, ou bons génies attachés à l'œuvre de Wichnou, et les Assouras, ou esprits pervers consacrés, à la mission de Siva. La lutte est constante entre les Assouras et les Dévas, et c'est sur l'espèce humaine qu'ils exercent en particulier leur influence bonne ou mauvaise.

En Chine, pays dont nous n'avons pas parlé parce

qu'avant l'introduction du bouddhisme il n'a pas exercé d'influence directe sur la religion chrétienne, la conception divine est incomplète. Le Chinois, en effet, n'a pas de dieu tout-puissant, créateur et souverain maître de la création ; par une bizarrerie que nous expliquerons plus tard, il n'adore que les manifestations de la nature qu'il appelle génies (1).

La Perse, qui reçut sa civilisation de l'Inde, puisa aussi largement dans sa religion. Toutefois, comme la croyance de Zoroastre fut une timide réforme de la croyance hindoue, le prophète bactrien conserva Wichnou, le dieu du bien, qu'il appela Ormuzdt, et Siva, le dieu du mal, auquel il donna le nom d'Ahriman. Chose curieuse ! tout en maintenant dans son panthéon les deux séries d'esprits inférieurs du védisme, il donna à celle des méchants génies le nom de Dévas, que l'Inde avait consacré à l'appellation de ses divinités tutélaires. Le but de Zoroastre, en agissant ainsi, était évidemment de faire tomber dans le mépris les anciens dieux venus de l'Indus avec les migrations aryennes. Le réformateur bactrien porta une atteinte plus sérieuse au panthéon védique en rendant nulle ou inutile la conception de Parabrahma, dont il fait le temps, et celle de Brahma, dont il fait la lumière. C'est la lumière qui engendre Ormuzdt et Ahriman, deux puissances rivales, égales en force et en durée et sans cesse en antagonisme.

Les Touraniens, qui eurent des rapports constants

---

(1) Nous parlons ici de la Chine de Confucius ; nous verrons, lorsque nous traiterons du bouddhisme, que l'Empire du Milieu se relie facilement aux croyances pamiriennes.

avec la Bactriane et la Médie, poussèrent plus loin encore leur réforme religieuse ; et, supprimant les dieux supérieurs des panthéons hindou et perse, ils ne rendirent de culte qu'aux esprits favorables ou défavorables (magisme).

En Assyrie, la conception divine prend un caractère matérialiste. Tandis que dans l'Inde et la Perse l'adoration des astres n'est que symbolique en ce sens que les hommages adressés en apparence au soleil, à la lune et aux planètes sont en réalité offerts aux divinités immatérielles qui se manifestent sous ces formes, les Babyloniens et les Ninivites adorent *réellement* le système planétaire, dont ils ont pu constater sur la terre les influences bienfaisantes ou malfaisantes (magisme).

L'Egypte, qui a reçu directement sa religion de l'Inde par les migrations aryennes de l'Ethiopie d'abord et ensuite du désert d'Arabie, a conservé plus pure la conception divine des *Védas*. Son Osiris est le dieu du bien. Il représente la beauté, la force et surtout la justice. Le sentiment de la justice est en effet celui qui domine la religion de la terre de Kémé. Osiris, son Dieu suprême, est avant tout juste ; de plus, sa justice est inévitable, fatale, nul ne peut s'y soustraire. Elle est aussi implacable : il faut que l'expiation suive la faute, et nulle considération ne peut faire fléchir la terrible balance.

Notons en passant qu'aucun des dieux de l'antiquité, sauf peut-être les dieux védiques, n'a connu la pitié, la miséricorde. Cela tient en ce qu'en l'absence d'une législation sociale et civile, Dieu est censé gouverner directement les hommes, et il le fait à la manière d'un code, en mettant la peine à côté de la faute sans considération d'aucune sorte.

Osiris, on le voit, récompense ou châtie; mais cette récompense ou ce châtiment n'ont lieu qu'après la mort (Nous verrons plus tard de quelle manière). Il semble que dans cette vie l'Egyptien ait le droit d'agir contrairement à la loi divine, quitte à payer ses fautes après son décès.

Le Dieu fort des Hébreux est également vengeur et rémunérateur; mais c'est en cette vie qu'a lieu l'expiation ou la récompense de la conduite. En ce sens, la conception divine de Moïse est inférieure à celle de l'Egypte, car elle supprime forcément l'immortalité de l'âme, qu'avaient positivement affirmée les Aryas de l'Indus et qu'avaient confirmée non moins positivement les habitants de la vallée du Nil, parmi lesquels Moïse avait vécu.

II

Conceptions religieuses.

Notre intention n'est pas de donner ici des notions complètes sur les croyances religieuses des divers peuples qui ont précédé la venue du Christ. Le cadre que nous nous sommes tracé ne le permet pas. Nous voulons seulement indiquer parmi les dogmes des diverses communions ceux dont la connaissance est absolument nécessaire à l'appréciation de la vérité religieuse, but de ce travail.

L'Inde antique croyait à l'immortalité de l'âme. Nous n'en donnerons qu'une preuve qui nous paraît suffisante : l'expiation des fautes après la mort. Son système religieux pénal était compliqué, ce qui est une preuve d'antiquité. Cinq paradis et vingt et un enfers en formaient la base. L'union de l'âme s'opérait dans les paradis avec Indra, Wichnou, Siva, Brahma, Parabrahma, immédiatement après la mort si les mérites étaient grands et incontestables ou bien après avoir subi les épreuves infernales, qui consistaient en un séjour plus ou moins prolongé dans des lieux de ténèbres, de larmes, de douleurs, d'infections, de tortures et de brûlures. Généralement l'expiation n'était considérée comme complète qu'après que l'âme avait en outre passé dans ce monde par une série de corps d'animaux.

Ainsi donc quatre dogmes principaux caractérisaient la religion brahmanique : 1° Absorption de l'âme pure dans l'essence de la divinité; 2° immortalité de l'âme; 3° croyance à des peines ou à des récompenses selon les mérites et après la mort; 4° croyance à la métempsycose.

Les vertus principales dont la pratique était absolument indispensable à l'absorption directe de l'âme dans la divinité étaient : la résignation, la charité, la tempérance, la probité, la pureté, la résistance aux sens, la connaissance parfaite des saintes Ecritures, la véracité et l'abstention de la colère.

Le magisme semble dans l'antiquité avoir réduit toutes ses croyances religieuses à ce misérable aphorisme : Est bien tout ce qui est favorable à l'homme, est mal tout ce qui lui est nuisible. Point de notions positives ni sur l'âme ni sur une autre vie ; c'est à peine si certaines pratiques font supposer que les sectateurs dégénérés de Zoroastre avaient quelque vague idée d'une résurrection ; un égoïsme étroit porte constamment les regards de l'habitant de l'Asie centrale sur ses intérêts immédiats. Les divinités qui peuplent les espaces célestes peuvent, par leur omnipotence, compromettre ces intérêts ; il faut donc absolument se les rendre favorables par tous les moyens : sacrifices, prières, incantations, formules magiques ; tel est leur raisonnement. Mais comment savoir ce qui plaît aux dieux ? Le voyant seul peut nous l'apprendre. Au moyen de certaines préparations, ses facultés s'exaltent ; son système nerveux, sous l'influence des excitants, produira l'ivresse avec les mouvements désordonnés et les paroles incohérentes qui en sont la suite. A cet instant suprême, on suppose que le prêtre ne se possède plus et que la divinité s'est emparée de lui. C'est alors le dieu invoqué qui agit, qui parle, qui se manifeste par le corps et les organes du voyant. Telle est l'absurde croyance commune aux Assyriens, aux Perses et aux Touraniens en général.

En Chine, on admet bien l'existence d'une loi universelle à laquelle la nature, l'homme, toute la création doit obéissance ; on affirme même que cette loi est sage et rationnelle, mais on ne la formule nulle part. Quel est l'auteur de la loi ? que contient-elle ? Personne n'en sait rien (Confucius).

L'Egypte puise dans l'Inde sa croyance à l'immortalité de l'âme, à une vie future se terminant par l'absorption en Osiris, à une expiation par la métempsycose. Elle ne paraît pas avoir des notions bien certaines sur l'enfer, tel que l'entendent le brahmanisme et le christianisme. Il est même probable que le lieu que les Grecs ont appelé de ce nom n'est que l'hypogée dans lequel s'opéraient les momifications.

Moïse, relativement à la conception religieuse qu'il imposa à son peuple, est revenu à la tradition arabe qui avait cours dans le centre de l'Asie. Pour lui, le royaume de Dieu doit être réalisé sur cette terre. A quoi bon alors penser à l'immortalité de l'âme et à une autre vie ? Les fautes envers les ordres du Dieu fort sont punies dans ce monde ; la récompense y est également donnée à ceux qui ont obéi à la loi. La législation religieuse est aussi sommaire que la législation civile, ou, pour mieux dire, l'une fait partie de l'autre.

III

But final de l'Être.

Le but final de l'existence découle nécessairement des croyances et dogmes de chacune des religions que nous venons d'examiner. Tandis que chez les Hindous et les Egyptiens qui croyaient à une autre vie, à la justice, à la punition ou à la récompense, l'homme cherche par ses vertus à obtenir l'absorption de son âme dans celle de la divinité ; en Assyrie, en Bactriane et en Palestine, il établit une sorte de compte courant avec ses dieux, demandant, en retour de certaines pratiques, le bonheur et les jouissances de ce monde.

Les conséquences de ces deux manières de comprendre le but final sont fatales. Tandis que derrière l'Indus et dans la vallée du Nil, l'âme s'épure à la recherche du bien par une morale exquise qu'aucune religion n'a dépassée, les peuples de l'Asie occidentale, sans guide, sans conscience, n'agissent qu'en vue de leur intérêt matériel, suivant les caprices de divinités changeantes qui modifient à leur gré les notions de bien et de mal.

De là, les deux tendances opposées de ces deux branches religieuses. L'une, dont l'élément principal est l'Arya, se livre avec passion à l'étude, à la vertu, au travail ; l'autre, formée surtout de races arabes, se précipite dans les vices, l'arbitraire, mettant la force matérielle au-dessus de toute considération morale.

CHAPITRE X.

ORGANISATION CIVILE, POLITIQUE ET SOCIALE.

I. *Sociétés antiques.* — Inde, les classes, code religieux. — La femme dans l'Inde. — Nécessité de la polygamie en Orient. — Assyriens, Perses, Touraniens, Hébreux, leur organisation théocratique, confession, ablutions. — Code religieux de Moïse. — Mobiles de la conduite des peuples arabes. — Chine, philosophie, recherche du vrai au point de vue du bonheur, le *Chou-King*, maximes sociales, l'absorption dans les puissances supérieures. — Egypte, les classes, la décentralisation, les nomes et leurs privilèges. — Ce qu'il faut penser de l'adoration des animaux. — L'embaumement. — Le patriotisme en Egypte et ses manifestations hiéroglyphiques. — Morale.

I

Sociétés antiques.

Les peuples hindous étaient, comme chacun sait, partagés en quatre castes : les prêtres, les militaires, les commerçants, les agriculteurs. Les alliances entre les diverses classes étaient, en principe, défendues ; toutefois, elles étaient tolérées moyennant certaines conditions entre les deux premières. Le fils suivait, sans pouvoir s'en dispenser, la profession de son père. L'autorité civile appartenait au chef militaire qui, élevé par les brahmanes, suivait avec docilité leurs inspirations. En somme, on peut dire que, sauf de rares exceptions dans toute l'antiquité, la caste sacerdotale exerça à la fois le pouvoir civil et religieux. Donc, quoiqu'il nous soit demeuré, touchant l'Inde, peu de monuments constatant l'organisation civile, nous avons tout lieu de penser qu'elle était théocratique.

La loi religieuse punissait des peines infernales : les outrages aux brahmanes et aux puissants de la terre, les pères qui ne s'acquittaient pas de leurs devoirs envers leurs femmes et leurs enfants, les méchants qui ont nui aux hommes et aux animaux, ceux qui ont maltraité les enfants et les vieillards, ceux qui sont demeurés sourds aux souffrances des pauvres et des malheureux, les débauchés, les adultères, les assassins, les médisants, les calomniateurs, les avares, les magiciens, les sodomistes, les faux témoins, les buveurs de liqueurs défendues, les voluptueux, les prostituées, les voleurs, les matérialistes, les athées, les menteurs, ceux qui injurient leurs semblables et ceux qui disent des paroles inutiles. La loi civile devait également poursuivre la plupart de ces coupables. Au reste, nous ne pourrions pas comprendre une société qui tolérerait des atteintes à la propriété, des excitations aux vices, des outrages envers les parents ou l'autorité ; car une telle société contiendrait évidemment dans son sein le germe de sa propre dissolution (1), (2), (3).

Dans l'Inde, la femme était respectée et entourée de soins attentifs. Elle était réellement la compagne

---

(1). I. — ... Il faut mettre de côté l'état sauvage ; il n'y a pas là de femme pas plus qu'il n'y a d'homme, car on ne saurait donner ce nom au singe épilé, admis à correction, qui n'a sur son aîné de ressemblance que l'avantage de pouvoir parler.

Mais le sauvage ne parle pas, ne pense pas. ... Il fait nuit noire dans son cerveau ; il n'y a pour lui ni bien ni mal, ni tien ni mien, rien de ce qui fait l'homme enfin.

Il agit par soubresauts, au hasard, au coup de fouet de la passion ou du besoin : a-t-il la faim du ventre, il chasse son semblable et il le mange ; a-t-il une autre faim, il bondit à la gorge de la première venue et il la jette sur la bruyère.

La Nouvelle-Zélande nous offre encore à présent une contrefaçon de l'Eden : lorsqu'un Adam quelconque aspire à une Eve tatouée du voisinage, il va l'attendre à l'affût, derrière une haie, et lorsqu'elle passe à sa portée, il l'étend par terre d'un coup de bâton.

Ce contrat sommaire de mariage a régné partout à l'origine ... au pied de l'Himalaya aussi bien qu'au pied du Capitole, en Scandinavie aussi bien qu'en Cafrérie ; l'Inde lui gardait la place d'honneur dans la loi de Manou.

Quand, après avoir fait brèche à la maison et tué ou blessé, on enlève de vive force une jeune fille qui pleure et qui crie au secours, on appelle cela le mariage du géant, disait la loi de Manou.

C'est un mariage de ce genre, avec coups et blessures, que Krichna pratique à l'égard de Roukmini, Gunnar à l'égard de Moalde. ... L'union du géant survit encore à cette heure sur la frontière du Sahara : lorsqu'un Arabe convoite une femme, il l'enlève à la tête d'une troupe d'amis, au milieu d'une salve de coups de fusil et il l'emporte pliée en deux sur la crinière de son cheval.

... La femme avant l'heure, c'est-à-dire avant la venue de la première civilisation, n'est et ne peut être qu'une rencontre de l'homme, une machine à gésine.

... L'Abyssinie pratiqua de tout temps la promiscuité et en donna la contagion à l'Egypte. L'Abyssin n'aimait une femme que sur un certificat de grossesse ; ... En Scythie, la femme vivait sous le régime de la communauté absolue ... et le grave Hérodote remarque ... que cette mixture universelle resserrait singulièrement le lien de parenté entre chaque partie constitutive de la tribu.

Le sauvage n'a pas besoin d'aimer, il en aurait besoin qu'il n'en aurait pas le temps, car il n'a pas trop de la journée pour gagner son dîner...

(*La femme à l'état de nature*, par E. PELLETAN. — *La Mère.*)

II. — Donc, le rut et le rapt, voilà l'amour de l'homme au début ; la femme appartient de plein droit au premier, ou plutôt au dernier...

Ce n'est pas seulement en Asie qu'on trouve pour tout mariage l'accouplement

de l'homme et non pas son esclave. La religion l'avait en grande estime, car elle l'autorisait à remplir certaines fonctions dans les temples. Quoique la polygamie fût autorisée chez tous les peuples orien-

en commun, on le retrouve au centre même de l'Italie. On mangeait et on dormait ensemble en Etrurie, comme à l'étable ; à la fin du souper, chacun choisissait... Quand deux concurrents faisaient le même choix, le fer tranchait la difficulté...

La Grande-Bretagne, elle-même, cette île frileuse, noyée dans son brouillard, laissa la femme dans le domaine public jusqu'à l'époque de la conquête ; tout homme avait droit sur toute femme de même rang ... Le jour où l'homme a fait un enclos de maçonnerie et l'a recouvert d'un toit, le jour où, sous ce toit, il a pu tenir le printemps en dépôt, grâce à l'invention du feu, et où il a pu, avec une goutte d'huile, allumer un soleil de rechange pour relayer l'autre soleil, il a réalisé ce jour-là le nid humain, illuminé par la lampe et réchauffé par le foyer.

Il passe alors de la vie au pied levé de la chasse ou de la pastorale à la vie sur place de la glèbe ou de la cité ; il laboure, il fabrique, il trafique... L'achat de la femme remplace partout le mariage du géant... Sitôt qu'un Hindou avait une fille à placer, il mettait une branche d'arbre à sa porte ; le chaland entrait sur la foi de l'enseigne et débattait avec le père le prix de la denrée. Ce n'était qu'après qu'il avait fait marché qu'il pouvait voir sa future et en prendre livraison ; il payait auparavant un à compte ; mais si, au bout de l'année, il n'avait pas acquitté la dette, le père pouvait reprendre sa fille et la revendre à un mari solvable.

La Chine brocante la femme comme l'Hindoustan...

La vente prenait à Babylone la forme d'une tontine : une fois par an on menait à la foire toutes les filles en âge de raison et on les vendait à la criée, en commençant par la fleur du panier... On faisait une masse de tous les numéros vendus, et cette masse servait à doter les infortunées trop disgraciées de la nature pour trouver un acheteur...

Quelquefois l'amant ne pouvait payer sa fiancée au comptant ; il la payait en nature ; il prenait du service chez son beau-père ; on retrouve partout, dans la géographie comme dans l'histoire, ce mode patriarcal de mariage ; ce ne fut qu'après un engagement et un rengagement de sept ans que Jacob put épouser Rachel.

Femme vendue, femme esclave, et pourtant la vente constitue un progrès dans sa destinée ; tout à l'heure elle n'était qu'une proie, la voici une propriété...

(*La femme à l'encan*, par E. PELLETAN. — *La Mère*.)

III. — Le Juif professait pour la Juive le même mépris que le Chinois pour sa compagne. Mieux vaut un coquin qu'une honnête femme, dit l'Ecclésiastique. La femme n'est qu'un homme manqué, ajoutait le philosophe Philon. Le matin, à l'heure de la prière, le Juif disait : « Béni sois-tu, créateur du ciel, de ce que tu m'as fait homme ; » et la femme répondait à voix basse : « Béni sois-tu, Seigneur, de ce que tu m'as faite comme tu l'as voulu. »

taux, par une raison que nous allons expliquer, il y en avait toujours une que l'on considérait comme légitime.

Une croyance générale à toute l'antiquité, croyance

Jose, fils de Jochanam, adresse quelque part cette mercuriale à un mari : « Ne tiens de conversation avec aucune femme, surtout avec la tienne, car elle te détournerait de l'étude et tu tomberais dans la gehenne. » La Judée avait fait de son dieu un dieu célibataire... la femme ne participait ni à l'écriture ni au sacrifice ; elle ne pouvait pas même entrer dans le temple ; elle devait rester à l'antichambre.

La religion ne prenait aucune part au mariage, la chose se passait en famille. Quand on avait signé et contresigné de part et d'autre l'acte de vente... le père de la mariée plaçait la droite des deux conjoints l'une dans l'autre, et, leur mettant la main sur la tête, il leur disait : « Que le Dieu d'Abraham soit avec vous, je vous bénis, » et la compagnie, invitée à la noce, dînait ensuite et dansait toute la semaine. Le premier soir seulement, à l'heure de la retraite, on chantait, à la porte des nouveaux époux, un duo ou un trio voluptueux sur le modèle du Cantique des cantiques... Mais voici que cette nuit-là le mari a quelque raison de croire à une vente frauduleuse : on l'a trompé sur la qualité de l'emplette ; au lieu d'une page inédite il trouve une page connue. Il a le droit alors d'intenter une action résolutoire. On déploie devant le tribunal je ne sais plus quelle pièce de conviction ; si l'expertise prouve que le mari a fait une dénonciation calomnieuse, on lui donne le fouet ; si elle montre au contraire qu'il a dit la vérité, on lapide la femme. C'était la loi de Moïse.

C'était aussi la loi qu'un Juif pouvait cumuler en fait de mariage. La femme elle-même aidait au cumul ; quand elle désespérait d'avoir un enfant de son mari, elle prenait une suppléante pour accoucher, du moins par procuration. Que voulez-vous ? la loi de multiplication, voilà la consigne du Seigneur... Qu'avait-il (le mari) d'ailleurs à redouter ? l'encombrement ou la dépense ? mais il pouvait répudier la femme de trop, et il pouvait la répudier pour toute espèce de vice rédhibitoire, pour sa sueur, pour son haleine, pour sa prononciation, pour une verrue, pour un sein trop gros ou trop distant l'un de l'autre, et, enfin, pour un rôti brûlé. Il la renvoyait avec un congé écrit sur la corne d'une vache ; mais il lui faisait cadeau, par bonté d'âme, de la vache et au besoin du vacher.

Le mari vient-il à mourir sans laisser d'enfants, la femme passe, corps et biens, au frère du défunt ; c'est ce que la loi de Moïse nommait le lévirat. Le lévir devra prendre la survivance du mari auprès de sa veuve ; mais si par hasard il refuse la succession, la veuve constate le refus en déchaussant le réfractaire devant le juge et en lui crachant au visage, après quoi elle a le droit de convoler à un second mariage.

Le Juif avait le cœur porté à la jalousie ; il soupçonnait volontiers sa femme de curiosité pour le voisin, et, sur un soupçon, moins que cela, sur le mot d'une comque l'on retrouve à peu près sous la même forme dans l'Inde, l'Asie occidentale et l'Egypte, c'est que les sacrifices ou prières des enfants contribuent au repos et au bien-être des mânes de leurs auteurs. De mère qui avait parlé de sa femme le soir en filant la quenouille, il pouvait la soumettre à l'épreuve de l'eau amère. Il la conduisait solennellement par le bras devant le sanhédrin ; si elle refusait de confesser le délit, le juge lui déchirait la robe sur elle, et, après l'avoir couverte d'un voile noir, il prenait Dieu à témoin et prononçait l'anathème de rigueur : Que ta cuisse tombe et que ton ventre pourrisse !

La femme buvait ensuite l'eau amère, mélangée de la poussière du temple... Et alors qu'arrivait-il ? vivait-elle ? mourait-elle ? l'eau amère contenait-elle un poison ? On n'en sait rien ; on sait seulement que si la femme avait quelque soirée équivoque de clair de lune sur la conscience elle reculait devant l'épreuve.

La loi mosaïque traitait avec la dernière rigueur la femme convaincue d'adultère ou de débauche ; mais chacune avait son genre de supplice, pour l'amour de la variété. On enterrait la première dans le fumier jusqu'à la ceinture et on l'étranglait avec une serviette mouillée. On enterrait aussi la seconde, mais au lieu de l'étrangler charitablement, on lui versait dans la gorge du plomb fondu.

Ce plomb fondu n'empêchait pas la prostitution de prospérer à Jérusalem aussi bien que partout ailleurs et de tendre son filet au passant jusque sous la fenêtre du roi Salomon, qui frappait sa poitrine et disait en gémissant : « La lèvre de la courtisane est douce comme le miel et son adieu est amer comme l'absinthe. »

Le mépris de l'homme pour la femme la provoque naturellement à la profanation de sa personne... aussi l'Asie a-t-elle été de toute antiquité une école modèle de débauche...

Les maris en Perse battaient monnaie sur la beauté de leurs femmes. Ils les avaient toujours à leur côté ; quand ils donnaient à dîner aux étrangers, le vin coulait et circulait, et au dessert les femmes ôtaient leur mantille, puis leur robe, et quand les convives avaient répondu au défi elles tendaient la main au salaire.

A Babylone, les femmes devaient au moins une fois dans le cours de leur vie payer redevance à la Vénus Mylitta ; au jour de la cérémonie, elles allaient s'asseoir sur deux rangs devant le temple de la déesse. Les voyageurs allaient et venaient entre ces deux plate-bandes ; quand un touriste avait admiré une babylonienne, il la touchait de son manteau en laissant tomber une pièce de monnaie. L'élue le suivait dans le bois sacré de Mylitta, et, après avoir acquité sa dette, elle demandait un reçu. Cette quittance le mettait en règle avec la déesse... Enfin, dans toute l'Asie Mineure, la jeune fille, quelle que fût sa naissance, faisait à Vénus l'offrande de sa première jeunesse, et, sur le bénéfice du métier, elle achetait un mari...

... Donc, partout la prostitution, sous un prétexte ou sous un autre... et non la prostitution cachée, honteuse, flétrie, punie, mais sacramentelle, mais déifiée, mais honorée et passée en quelque sorte à l'état d'institution et de liturgie.

(*La femme en commun*, par E. PELLETAN. — *La Mère*.)

là la nécessité absolue d'avoir une nombreuse postérité, et par conséquent un grand nombre de femmes. L'homme qui volontairement cessait de sacrifier aux mânes de ses ascendants était considéré comme par-

(2) Quand des hauteurs de l'Himalaya les Aryas virent se développer à leurs pieds les magnifiques contrées qu'ils allaient civiliser, avec quels enivrements ils durent s'y élancer! Ils étaient jeunes, ils avaient foi en l'avenir, ils étaient libres et forts. De leurs lèvres frémissantes s'échappait vers cette nature qui leur souriait l'hymne de reconnaissance et d'adoration. Ils vivaient, ils se sentaient vivre, ils n'avaient pas encore appris à confondre leur individualité dans ce grand tout que déjà ils entrevoyaient.

La femme, elle aussi, conservait sa personnalité devant les dieux et devant les hommes; elle appelait par le sacrifice les bienfaits du ciel sur la terre; elle mêlait sa voix enthousiaste à ce chœur riant et majestueux qui chantait les forces de la nature.

Compagne de l'homme, elle l'excitait à ces combats qui devaient amener le triomphe de la civilisation; elle le soutenait dans le sentier du bien, et l'y ramenait quand il s'en écartait.

Veuve, elle survivait à celui qu'elle retrouvait dans les enfants qui en continuaient la vie. Les Aryas eussent-ils prévu que par le suicide la femme dût un jour sacrifier sur le bûcher d'un époux une existence dont ils savouraient la possession?

... Grandeur et abaissement, tel est, nous l'avons vu, la part de la femme. On l'honore, car c'est d'elle que naîtra l'enfant qui sauvera les mânes de ses ancêtres et qui perpétuera la caste. On la tyrannise, car de sa mésalliance ou de sa corruption résulteraient l'écroulement de la constitution brahmanique et la rupture du lien qui unit les morts aux vivants, le passé au présent, le présent à l'avenir.

Enfant, on maudit sa naissance: par sa grâce et sa pureté, elle devient la joie et la bénédiction du foyer paternel. Femme, on la prive du devoir religieux; elle s'en impose. Epouse, on la soumet en esclave à son mari; elle le console en amie. Veuve, on la place sous la dépendance de son fils; elle le gouverne.

Mais il est une prescription qu'elle a même outrepassée. La loi lui avait ordonné de confondre sa vie dans celle de son époux; elle confondit sa mort dans la sienne.

Piété ardente, tendances spiritualistes et ascétiques, abnégation complète de soi-même, dévouement illimité à la famille, besoin immense d'affection, tel était le caractère de la femme.

(*La femme dans l'Inde antique*, par Cl. BADER, p. 570.)

(3) Le mariage, d'après la loi hindoue, s'accomplit par la donation de la femme par le père et l'acceptation du mari, à l'aide de la cérémonie de l'eau et du feu. Même formalité à Rome. L'union des mains, ainsi que la *confarreatio*, autres rites sacramentels de Rome, ne sont que des copies des ordonnances du législateur Manou.

Dans le mariage hindou, deux époques sont à considérer: celle des fiançailles et

ricide et puni comme tel. De là aussi le culte des ancêtres qui se retrouve si profondément enraciné chez tous les peuples de l'antiquité. Lorsque, par suite de rupture dans la descendance ou par une

celle de la célébration ; les fiançailles ont toujours lieu plusieurs années avant la cérémonie définitive...

Le consentement textuellement exigé par la loi hindoue l'était aussi à Rome.

Chez les Hindous, la jeune épouse reste dans sa famille jusqu'à sa nubilité ; le père alors envoie un message à l'époux pour l'avertir que ses droits ont commencé et qu'il peut venir réclamer sa femme. De même à Rome...

La conduite de la femme dans la maison de son mari était, dans l'Inde comme chez les Romains, la cérémonie finale du mariage. Et cette conduite se faisait avec des chants et des fêtes.

Les mariages sont, dans la loi de Manou, en ligne directe prohibés à tous les degrés à l'infini, et en ligne collatérale jusqu'au septième dans la ligne paternelle, et au cinquième dans la ligne maternelle. Enfin, le père qui, dans l'Inde, marie sa fille à quelqu'un après l'avoir fiancée à un autre est noté d'infamie... le concubinage toléré, réglementé à Rome, est encore une institution venue de l'Inde... Le divorce, légalement institué dans l'Inde, le fut aussi à Rome. Ecoutons le législateur hindou indiquant les motifs pour lesquels une femme peut se séparer de son mari : « Le mari peut être abandonné par sa femme s'il est criminel, impuissant, dégradé ou lépreux, ou après une absence prolongée dans les contrées étrangères. » La loi romaine ne formule pas d'autres causes.

Dans l'Inde, comme à Rome, la femme adultère est privée de sa dot ; le mari n'est pas tenu de restituer...

(*Le mariage dans l'Inde.* — *Bible dans l'Inde*, par L. Jacolliot, p. 33.)

La règle : *Pater is est quem justæ nuptiæ demonstrant* ... est ainsi édictée par Manou : « L'enfant né dans une maison appartient au mari de la femme. »

La loi hindoue distingue les enfants en enfants légitimes, enfants naturels, incestueux et adultérins. Les enfants naturels ont un droit, quoique minime, sur la succession de leurs parents ; pour les incestueux et les adultérins, ils ne peuvent réclamer que des aliments.

Elle établit ensuite l'action en désaveu en ces termes : « Si, d'après les circonstances, il est constaté avec certitude que le véritable père est un autre que le mari, l'enfant adultérin est privé de tout droit dans la famille. Enfin, disposition bien remarquable, elle admet la légitimation de l'enfant naturel par le mariage subséquent...

De même que la filiation, la puissance paternelle présente les mêmes rapprochements ; telle elle fut dans l'Inde, telle elle fut à Rome ... « Quel que soit son âge, dit le commentateur hindou Catyayana, tant que son père est en vie, un fils n'est jamais indépendant. »

cause volontaire de la part du dernier rejeton vivant, cessaient les sacrifices aux parents morts, les âmes de ces parents ne pouvaient plus aspirer au bonheur céleste : elles étaient condamnées à errer éternelle-

> La loi hindoue admet d'abord la tutelle légitime des ascendants ; puis celle des agnats et des cognats, et enfin la tutelle dative ainsi que l'intervention du conseil de famille et de l'autorité publique pour la conservation de la personne et des biens du mineur... Le législateur hindou préfère la tutelle virile... La mère perd la tutelle de ses enfants, si, veuve, elle vient à se remarier sans le consentement du conseil de famille... Le droit hindou permet l'adoption, soit pour introduire un enfant dans une famille qui n'en a pas, soit pour un motif de reconnaissance envers l'adopté... Une fois adopté, l'enfant faisait partie de la famille au même titre que les enfants qui venaient à naître postérieurement.
>
> Formule d'adoption hindoue : « Moi, qui n'ai pas de descendants mâles, je me hâte avec sollicitude d'adopter un fils pour la continuation des offrandes funéraires et des rites sacrés, et pour la perpétuité de mon nom. »
>
> Signalons en finissant que la loi hindoue a la première considéré le mariage comme un lien indissoluble. La mort même ne parvenait pas à le faire disparaître, car dans les castes où le mariage des veuves était permis, ce n'était qu'au cas où le défunt n'ayant pas laissé d'enfant, il devenait urgent de lui procurer un fils qui pût accomplir sur sa tombe les cérémonies nécessaires à son salut.
>
> *Filiation, puissance paternelle, tutelle et adoption dans l'Inde antique. — Bible dans l'Inde,* par L. JACOLLIOT, p. 36.)

En outre, ce que nous ne saurions trop admirer dans l'Inde, et que l'antiquité méconnut complètement, c'est le respect de la femme élevé à la hauteur d'un culte.

On ne lira pas sans étonnement ce passage de Manou (liv. III, sl. 55) : « Les
» femmes doivent être comblées d'égards et de présents par leurs pères, leurs frè-
» res, leurs maris et les frères de leurs maris, lorsque ceux-ci désirent une grande
» prospérité.

» Partout où les femmes vivent dans l'affliction, la famille ne tarde pas à s'étein-
» dre ; mais lorsqu'elles sont aimées et respectées, et entourées de soins, la famille
» s'augmente et prospère en toutes circonstances.

» Quand les femmes sont honorées, les divinité sont satisfaites ; mais lorsqu'on
» ne les honore pas, tous les actes pieux sont stériles.

» Les maisons maudites par les femmes, auxquelles on n'a pas rendu les hom-
» mages qui leur sont dus, voient la ruine s'apesantir sur elles et les détruire
» comme si elles étaient frappées par un pouvoir secret. Dans toutes les familles
» où le mari se plaît avec sa femme et la femme avec son mari, le bonheur est as-
» suré pour jamais. »

Cette vénération de la femme a produit dans l'Inde une époque de chevalerie aventureuse, pendant laquelle on voit les héros des poèmes hindous accomplir des

ment dans l'inquiétude. Chose curieuse ! quoique les Hébreux et les autres peuples arabes n'aient eu aucune notion de l'immortalité de l'âme ni des migrations expiatrices auxquelles elle était astreinte, ils ont conservé la tradition que nous signalons. On la retrouve en effet dans mainte inscription cunéiforme, et le Pentateuque nous la rappelle à chaque instant. Cette croyance a exercé une influence énorme sur l'organisation civile de l'antiquité, et elle nous donne la clé d'une foule de lois ou coutumes que nous ne pourrions pas comprendre sans elle.

Chez les Perses, les Assyriens, les Touraniens et les Juifs, l'organisation civile était théocratique. Les prêtres exerçaient, en outre des fonctions du sacerdoce : celles de magistrats, de professeurs de littérature sacrée et de science ; leur pouvoir était presque toujours absolu sur les rois et les hautes classes de la société, qu'ils instruisaient et façonnaient à leur guise. Au reste, leurs fonctions étaient héréditaires, ce qui leur donnait une grande fixité. Ils tenaient le reste du peuple dans une dépendance complète, exigeaient la dîme de tous les fruits de la terre, et même, chez les Hébreux, tous les premiers-nés des animaux. En échange, ils lui inculquaient quelques notions de morale : probité, charité, mépris des jouissances des sens, modestie, amour de la vérité, pardon des injures, amour des parents, bagage habituel de toutes les religions.

---

hauts faits à faire taxer de jeux d'enfants tous les exploits des Amadis, des chevaliers de la Table-Ronde et des paladins du moyen âge.

(*De la femme dans l'Inde.* — *Bible dans l'Inde*, par L. JACOLLIOT, p. 38.)

La confession était pratiquée en Perse : le fidèle devait faire l'aveu de ses fautes à un mage, à une personne pieuse, ou, à défaut, à l'astre solaire.

L'ablution débarrassait le croyant de ses souillures chez toutes les nations de race arabe.

Etaient punis de mort, chez les Hébreux, les crimes ci-dessous énumérés : assassinat volontaire, coups et blessures envers père et mère, coups à une femme enceinte ayant entraîné la mort, accouplement contre nature, sacrifices aux dieux étrangers, violation du jour du sabbat, action de manger du sang des animaux, inceste et adultère. Des peines étaient infligées à ceux qui commettaient les délits suivants : coups volontaires envers l'homme libre ayant entraîné chomage, mort donnée à son propre esclave, coups à une femme enceinte, vol, incendie, dépôts infidèles, subornage, faux témoignage, usure. Des lieux d'asile étaient institués pour servir de refuge aux meurtriers involontaires (1).

---

(1) On lit dans Manou, liv. VIII, sl. 200 : « Là où l'occupation sera prouvée, mais
» où n'apparaitra aucune espèce de titre, la vente ne peut être admise. Le titre,
» et non l'occupation, est essentiel à l'appui de la propriété, telle est la règle éta-
» blie. »

Voilà le principe. La propriété dans l'Inde dérive donc de la loi ; c'est la même idée qui domine l'économie entière de nos codes.

Passant ensuite à la manière d'acquérir ... Manou déclare que : « le champ cul-
» tivé est la propriété de celui qui en a coupé le bois pour le défricher, et la ga-
» zelle, celle du premier chasseur qui l'a mortellement blessée. »

Examinant ensuite la nature des biens en eux-mêmes, la loi hindoue les divise en meubles et immeubles, distinction que les législations modernes ont adoptée ... Les immeubles sont eux-mêmes divisés en immeubles par nature et immeubles par destination ; puis les biens dans les rapports avec ceux qui les possèdent sont classés en choses qui n'appartiennent à personne et à tous, les choses du domaine public et celles du domaine privé. La loi hindoue décrète que ces dernières seules peuvent faire l'objet du commerce et des transactions entre particuliers...

Mais, dira-t-on, l'existence de la loi qui punit n'implique pas absolument l'existence de la faute qu'on punit. En examinant le code d'un peuple, on n'a donc que des présomptions sur son état moral. Sans doute. Il est cependant deux faits qui caracté-

Dans l'Inde, toute transaction de propriété, à quelque titre qu'elle fût faite, onéreuse ou gratuite, devait jadis être entourée des formes de la donation, c'est-à-dire de la délivrance d'or et d'eau accompagnée de grains et d'herbes... C'est là, n'en doutons pas, que toutes les formules romaines, pour la solennité des contrats et les coutumes des peuples du Nord, pour la tradition par l'eau et la terre, par l'herbe et le rameau, ont été puisées...

Comme premier principe nécessaire à la validité des engagements, le législateur hindou indique la capacité des contractants. Les femmes en puissance de mari, les enfants, les esclaves et les interdits sont incapables de contracter. Incapacité absolue pour les enfants et les esclaves, incapacité relative pour la femme, qui le peut avec l'autorisation de son mari, et pour l'interdit, que la prohibition soumet simplement à l'autorisation de son curateur... La femme hindoue, à défaut de son mari l'autorisant, peut se faire relever de son incapacité par autorité de justice.

« Le contrat fait par un homme ivre, insensé, imbécile ou grièvement troublé
» dans son état mental, par un vieillard dont on abuse de la faiblesse ou toute per-
» sonne sans pouvoir, est entièrement nul. » (*Digeste des lois hindoues*, vol. II,
p. 193 et Manou).

Manou ajoute encore : « Ce qui est donné par la force, possédé par la force est
» déclaré nul... »

... La caution, le gage, le nantissement, le louage, le bail, l'antichrèse et l'hypothèque, entièrement d'origine hindoue, ont successivement passé dans le droit romain et dans nos lois.

Bien plus, si nous descendions dans les détails, nous verrions que toutes les causes acceptées par les lois romaines et françaises, pour l'extinction des obligations, avaient été prévues et appliquées par le droit hindou...

(Du Prêt). Catyayana : « Ce qui est prêté par obligeance ne portera pas d'intérêt.
» Si la chose périt par son vice propre, l'emprunteur n'en est pas responsable, à
» moins qu'il n'y ait faute de sa part. »

« Lorsqu'une chose prêtée, pour un usage déterminé ou pour un certain temps,
» est réclamée avant le terme ou l'accomplissement dudit usage, l'emprunteur ne
» peut être contraint à la restituer. Mais là où les intérêts du propriétaire peuvent
» être compromis par un besoin pressant de la chose prêtée, l'emprunteur pourra
» être forcé de restituer, même avant le temps stipulé... »

(Du dépôt). Vrihaspati : « Le dépositaire qui souffre que la chose déposée soit
» détruite par sa négligence, lorsqu'il conserve ses propres biens avec un soin tout
» différent, sera forcé de payer sa valeur avec intérêt. »

risent plus spécialement la moralité chez les peuples : c'est l'esclavage et la femme. Chez les Hébreux, le maître pouvait battre son esclave, car c'était « son bien ; » mais s'il lui crevait l'œil ou lui cassait une dent, par ce seul fait, l'esclave devenait libre. En tous cas, la liberté était due à l'esclave au bout de sept ans. Il est vrai que quand il avait satisfait à cet esclavage septennal, il n'était libre que de sa personne, car sa femme et ses enfants continuaient d'appartenir à son maître. Si donc il aime sa femme, s'il ne veut ou ne peut se séparer de ses enfants, la loi mosaïque l'autorise à séjourner près des objets chers à son cœur ; mais, hélas ! c'est pour le priver de sa liberté pour toujours. Son maître le marque alors à l'oreille comme « sa chose, » et il ne peut plus aspirer à l'affranchissement.

La femme, dans la Judée, est plus malheureuse encore. Jamais elle ne sera libre. Son père la vend : « c'est son bien ; » un maître l'achète, la rend mère et lui est infidèle : il n'est tenu qu'à la nourrir et à la vêtir.

Tout fait supposer que ces mœurs étaient, avec très peu de modifications, celles qui régnaient parmi tous les peuples arabes de l'antiquité.

Quant au mobile qui dirige les peuples asiatiques vers le bien, il est constamment le même en Perse,

---

Manou : « Celui qui ne rend pas un dépôt après l'avoir reçu est déclaré infâme » par la loi. »

(*De la propriété, des contrats, du dépôt, du prêt, de la vente, des sociétés, des donations et des testaments dans l'Inde. — Bible dans l'Inde*, par L. JACOLLIOT, p. 40.)

en Assyrie et en Palestine : l'INTÉRÊT, qui se traduit par les satisfactions matérielles, par les jouissances de faste et d'orgueil, par le désir d'une longue existence et par la nécessité d'éluder la punition terrestre attachée à la faute terrestre. Ce point est incontestable, et les nombreuses preuves que j'en pourrais donner sont écrasantes. Ce sont bien là les mobiles de peuples guerriers qui n'ont aucune notion de justice, d'humanité, de droit, de devoir, d'âme, de vie future, et pour lesquels tout cela se résume dans ce suprême argument : la force.

En Chine, la conception sociale découle de la conception religieuse. De même qu'il existe une loi de sagesse infinie qui régit la nature entière, de même il y aura une loi rationnelle qui présidera à l'organisation sociale. Mettre ses actions en harmonie avec cette loi, c'est-à-dire avec la sagesse et la raison, est donc la suprême tendance de l'esprit chinois. Aussi s'est-il de bonne heure lancé dans les recherches philosophiques dans le but de connaître la vérité, qui seule peut lui ouvrir le chemin de la vertu. Il semble même confondre sagesse et vérité. Pour lui, vertu, bonheur et vérité sont trois mots synonymes. Le Chinois d'avant Bouddha est passionné pour le vrai comme l'Egyptien pour le juste ; il le recherche dans toutes les branches des connaissances humaines, et surtout dans la morale religieuse, qu'il amène ainsi à un haut degré de philosophie. Pour en avoir la preuve, lisons les réflexions qu'inspire à M. G. Pauthier les maximes du *Chou-King*, livre chinois qui remonte à la plus haute antiquité : « Les idées con-

» tenues dans le *Chou-King* sur la Divinité, sur l'in-
» fluence bienfaisante qu'elle exerce constamment
» dans les événements du monde, sont très pures et
» dignes en tout point de la plus saine philosophie.
» On y remarque surtout l'intervention constante du
» Ciel ou de la Raison suprême dans les relations
» des princes avec les populations... L'exercice de la
» souveraineté, qui, dans nos sociétés modernes,
» n'est le plus souvent que l'exploitation du plus
» grand nombre au profit de quelques-uns, n'est
» dans le *Chou-King* que l'accomplissement religieux
» d'un mandat céleste au profit de tous, qu'une no-
» ble et grande mission confiée au plus dévoué et
» au plus digne, et qui était retirée dès l'instant que
» le mandataire manquait à son mandat. Nulle part
» peut-être les droits et les devoirs respectifs des
» rois et des peuples, des gouvernants et des gou-
» vernés, n'ont été enseignés d'une manière aussi
» élevée, aussi digne, aussi conforme à la raison. »
Posséder la droiture du cœur et aimer son prochain
comme soi-même, tel est le résumé de la doctrine de
Confucius. Voici d'ailleurs quelques préceptes qui
donneront quelque idée du genre de philosophie de
ce peuple étrange : Le but de la vie est le perfectionnement par la connaissance du vrai. — Tout homme
est tenu de s'instruire, afin d'arriver à la vérité. —
Plus on est élevé dans l'échelle sociale, plus cette
étude doit être approfondie, car la responsabilité
morale augmente avec la grandeur de la position. —
Les rois sont justiciables de leurs sujets; ils doivent
le bonheur à leur peuple. De là la conséquence que

l'empire doit appartenir au plus méritant. — C'est par la prudence éclairée, l'humanité et la force d'âme que l'on arrive à distinguer le bien du mal, le vrai du faux, et, finalement, que l'on atteint la perfection après laquelle a lieu l'absorption dans l'essence des puissances supérieures.

Une grande ressemblance existe entre l'organisation sociale du peuple de la vallée du Nil et ceux qui habitaient les bords de l'Indus et du Gange. Ici comme là-bas les habitants sont partagés en quatre castes dont il est absolument impossible de franchir les limites. Le fils est rivé à la fonction du père. La personnalité humaine est indestructible et responsable. Rois et simples sujets sont jugés d'après leurs actes et punis ou récompensés selon leurs mérites par Osiris. De plus, les monarques décédés ont à rendre compte de leur conduite au peuple assemblé à cet effet. On voit que chez les Egyptiens le pouvoir politique suprême n'est, comme en Chine, qu'une délégation donnée par le peuple avec une responsabilité effective. De là découle une liberté relative pour les sujets. La vallée du Nil est géographiquement découpée en circonscriptions ou nomes qui s'administrent elles-mêmes et ont des dieux spéciaux pour les protéger. Les nomes, malgré leurs franchises, reconnaissent l'autorité politique des rois égyptiens et adorent les dieux communs à tout le pays ; mais ils jouissent d'une vie décentralisatrice spéciale qui amène, au point de vue de la diffusion de la science et de l'industrie, une émulation favorable à la rapidité de la civilisation. Aussi ne doit-on pas s'étonner que ce pays ait si longtemps été le centre vers lequel ont convergé toutes les nations de l'Asie, de l'Afrique et de l'Europe. Nous répétons ici ce que nous avons dit plus haut que c'est une abominable calomnie que de prétendre que les Egyptiens adoraient les animaux et même les oignons. L'oignon n'a jamais été en Egypte que la nourriture des esclaves. Quant à l'introduction des animaux dans le cérémonial du culte, elle est aussi naturelle que nos Missels et nos inscriptions murales. Le peuple ne savait pas lire; quand donc on voulait présenter une idée à sa pensée, il fallait la lui fournir sous une forme symbolique qu'il pût comprendre. C'est ainsi qu'on lui montrait le serpent comme emblème du Soleil (*uræus* pour Phré), parce que le serpent, lorsqu'il tient sa queue dans sa bouche, forme une image frappante de la perpétuité du disque solaire. Et qu'y a-t-il d'étrange à ce qu'on ait prodigué dans les temples ces emblèmes de la nature animée? Ne savons-nous pas que l'hiéroglyphe dérive de l'ancienne représentation des animaux? Il serait véritablement étrange que dans un pays où le langage et l'écriture sont imprégnés d'un cachet zoologique si prononcé ce cachet ne se retrouvât pas dans la forme du culte.

Par suite des honneurs qu'ils rendaient à leurs ancêtres, et peut-être à cause de la croyance à l'immortalité de l'âme, le corps humain fut, après sa mort, en Egypte, l'objet de soins particuliers destinés à le conserver à toujours. Si l'on examine le temps nécessaire au travail de l'embaumement, les divers systèmes adoptés, le nombreux personnel de prêtres et d'esclaves qu'il exigeait, la comptabilité établie, les immenses hypogées qu'il fallait creuser dans les montagnes, les norias et les canaux d'amenée de natron et d'eau douce indispensables à cette longue opération, on peut dire que l'art d'embaumer des cadavres devint dans ce pays une véritable institution sociale qui absorbait constamment une forte partie de la population et qui était le trait caractérisque de ce peuple.

La croyance à la métempsycose assurait en Egypte de bons traitements et même le respect à tous les animaux. L'Egyptien eût craint, en maltraitant les bêtes, de faire du mal à un ami ou à un parent décédés.

Un sentiment nouveau fut le fruit de la bonne administration qui, pendant longtemps, a fait régner le bonheur en Egypte : je veux parler du sentiment de la patrie et de la solidarité nationale, qu'on ne retrouve, du moins à ce degré, dans aucune des contrées de l'ancien monde, et qui prit naissance sur la terre de Kémé, à l'époque des invasions des Hycsos. Les emblèmes symboliques d'animaux servirent alors aux prêtres à entretenir la haine de la « race maudite de Sheth » dans le cœur des autochtones. Ces manifestations continuelles, incomprises des envahisseurs, étaient un lien puissant entre les envahis. L'hiéroglyphe employé le plus ordinairement est l'image de Sheth surmontée d'une tête d'âne, « qui devint aux
» yeux de tous, malgré sa laideur,... un symbole
» sacré poussant à l'indépendance et à la vengeance
» contre un ennemi abhorré » (Beaur, *Div. égypt.*,

11

p. 206). Sous les Ptolémées, une image de Bès caricaturant Hercule, le héros grec, « devint l'expression » figurée, l'hiéroglyphe plastique de la haine des » Egyptiens contre les Grecs » (Beaur, *Div. égypt.*, p. 208). Ceci nous montre d'une façon irréfutable que ce jeu de figures animales dans les temples ne fut en somme qu'une matérialisation de la pensée destinée à n'être interprétée que par les Egyptiens seuls.

Quant aux notions morales de la terre de Kémé, point n'est besoin de dire qu'avec une civilisation pareille à la sienne, elles furent nécessairement très pures et à peu près semblables à celles de l'Inde avec un sentiment de justice peut-être encore plus prononcé.

CHAPITRE XI.

DE L'ART EN GÉNÉRAL.

I. *La liberté est la condition de l'art.* — Toute œuvre artistique est à la fois imprégnée du cachet de l'auteur et de l'époque où elle a apparu. — Elle peut donc servir a reconstituer le passé. — L'art n'existe pas sans le travail. — Le beau est infini. — Les génies novateurs, leur utilité, leur danger. — Les lois de l'art ne sont pas absolues. — La liberté n'est pas un danger pour le goût.

I

La liberté est la condition de l'art.

Il est heureux pour l'humanité que l'œuvre ne périsse pas avec l'homme qui l'a créée : la Providence nous épargne ainsi de nouvelles expériences qui ne pourraient être que douloureuses. Etudions donc avec reconnaissance nos origines, et, heureux enfants d'une époque relativement éclairée, ne sourions pas trop aux timides essais des siècles qui nous ont précédés.

La loi fatale qui condamne les générations primitives au travail d'incubation qui doit porter la vie au sein de celles qui les suivent se retrouve dans toutes les branches des connaissances humaines. Science, art, philosophie, religion, politique, tout se perfectionne par la sueur de pionniers obscurs qui luttent dans l'ombre et le silence pour retirer du chaos des parcelles de bien, de beauté, de vérité, et qui toujours meurent misérablement à la tâche. Mais l'humanité est ainsi faite, qu'elle ne peut se régénérer que dans la mort. Marchons donc hardiment, sans crainte comme sans faiblesse, et ne nous berçons point d'illusions trompeuses.

L'artiste est, après Dieu, le roi de la création : l'un a créé l'esprit et la forme, l'autre ne peut créer que la forme ; mais cette forme, qui est son œuvre, est aussi le reflet de sa propre individualité en même temps que le cachet de son époque. Toute œuvre d'art, en effet, lorsqu'elle est travaillée par un homme intelligent, laisse toujours percer, à l'insu même de son auteur, une partie des idées qui agitent ses contemporains. Ces signes intimes, non perçus du vulgaire, mais qui apparaissent aux esprits profonds, demeurent comme des stigmates du temps. Aussi de même que Cuvier, avec quelques ossements, reconstruisait le squelette d'animaux antédiluviens, de même, par l'étude des monuments artistiques, nos savants peuvent aujourd'hui recomposer une partie de l'histoire des peuples disparus. D'ailleurs, avec les éléments épars d'une littérature, ne nous est-il pas facile de faire revivre le génie de la nation à laquelle ils appartiennent; et ne pouvons-nous point préciser presque mathématiquement son état de civilisation au moment de l'apparition de l'œuvre? Oui, quand une idée a jeté ses racines chez un peuple, il se trouve toujours un homme de génie qui s'en empare et, la dégageant de ses voiles, la marque, en la jetant au monde, du double sceau de son originalité et de son temps.

L'art n'est donc point complètement indépendant; il se trouvé lié à la civilisation, vieillissant avec elle chez les nations décrépites et jaillissant dans toute sa sève au sein des peuples virils et éclairés. Malheureusement, à mesure que les nations s'éloignent de leur point de départ, l'art se laissant infester de l'esprit d'imitation perd de son caractère et de son originalité. Cette tendance de l'art vers le plagiat ne tarde pas à engendrer une école nouvelle et contraire. Les esprits indépendants, honteux de suivre les sentiers de convention, se lancent sur les chemins de la fantaisie où ils ne trouvent souvent que le fantasque et le grotesque. Pour qu'ils puissent y trouver le bien, le vrai et le beau qu'ils recherchent, il leur faut plus que du courage, plus que de l'indépendance, plus que de l'imagination; il leur faut du travail, car sans cette condition il ne peut exister réellement d'œuvre artistique. C'est en effet par un travail incessant que notre littérature française a pu sortir des haillons dorés où l'avaient enveloppée le dix-septième siècle; c'est par le travail opiniâtre que nos savants ont découvert les secrets de l'Inde, berceau de l'humanité, de l'Assyrie et de l'Egypte, ses filles aînées, et qu'ils ont pu arracher au temps un lambeau de vérité; c'est par le travail que nos philosophes ont été amenés à porter la main sur l'arche sainte qui s'est écroulée aussitôt sous leurs doigts investigateurs. Ah! c'est que notre époque est lasse de préjugés et de mensonges; elle ne veut plus hasarder son âme et sa foi sur de simples affirmations; il lui faut des preuves. Aujourd'hui, on analyse tout; nous préférons la déception à l'incertitude.

La recherche du beau est dès le début inséparable d'essais et de tâtonnements infructueux. Le beau n'est pas, en effet, une chose visible et palpable affectant une forme fixe et déterminée. Emanation divine, il présente, comme Dieu, mille aspects tous plus attrayants les uns que les autres. L'artiste, l'homme de génie n'est dès lors qu'un photographe qui conçoit ou perçoit une de ces formes et la fixe pour toujours.

L'expérience d'un seul est beaucoup sans doute, et l'on peut dire que lorsqu'un homme a donné à l'humanité la résultante des idées qu'il a acquises par son travail, il a accompli le plus sublime des devoirs que la société lui impose. Mais là doit se borner sa mission. Il a saisi et fait comprendre un point de vue de l'art; il a fait faire un pas en avant à une des branches des connaissances humaines. C'est bien; son rôle est terminé sur ce point. Eriger les travaux en lois indélébiles, circonscrire le beau dans les limites qu'il a lui-même tracées, c'est pécher à la fois contre le bon sens et contre la vérité. Bien plus! c'est appeler les efforts des générations nouvelles vers les sentiers explorés et battus où le char du maître a passé; c'est donner l'essor à l'esprit d'imitation sur un terrain où il ne reste plus qu'à glaner ; c'est en un mot briser à tout jamais l'initiative et l'originalité.

On a dit avec beaucoup d'esprit que le préjugé était une sentinelle placée en avant de la société pour dire au progrès : « On n'entre pas. » Ce qui est vrai au point de vue de l'organisation sociale demeure vrai quand il s'agit d'esthétique ; seulement ce sont les chefs-d'œuvre accomplis et les lois qui en découlent qui font alors fonction des préjugés. Nous devenons forcément solidaires des génies qui nous ont précédés et sommes obligés de marcher dans la voie qu'ils nous ont tracée sous peine de nous voir refuser l'entrée.

Aussi, dans les arts, après une période de splendeur créatrice voit-on toujours apparaître une période de décadence imitative, car il semble que l'intelligence s'affaisse et s'abâtardisse sous la tyrannie du chef-d'œuvre. Rien d'étrange à cela. La mobilité est l'élément principal et incitatif de la nature humaine. Tout varie, change, se transforme à toute heure. La vérité d'hier est l'erreur d'aujourd'hui. Pourquoi donc dans l'art la loi demeurerait-elle fixe ? Ne savez-vous pas que l'immobilité c'est la mort ?

Laissez donc la liberté au savant, à l'artiste, au philosophe, au théologien, à tous les chercheurs en un mot. Que chacun poursuive à sa manière la connaissance de la trinité sainte : le vrai, le beau et le bien ; mais que chacun aussi, après avoir profité de sa liberté, se garde de nous forcer à l'application des théories auxquelles il sera parvenu. Si, arrivé au faîte, vous vous retournez et me dites : « Là est le vrai, le beau et le bien et là seulement, » j'aurai le droit de vous qualifier d'insensé et d'orgueilleux. Si vous me dites : « Il faut que vous marchiez dans ma voie, » j'aurai le droit de crier à l'arbitraire et à la tyrannie.

Je ne cesserai de le répéter, cette sublime trinité, — Bien, Beau, Vrai, — que tout homme intelligent doit s'efforcer d'atteindre, est multiple d'aspects, insaisissable de forme, elle se dérobe sans cesse à nos grossiers moyens de connaissance avec tant de jalousie que nous ne pouvons en saisir que des parcelles. L'homme de génie est celui qui fixe à jamais un de ces lambeaux ; mais n'oublions pas que cette création arrachée au néant n'est que l'une des mille interprétations que l'on en peut tirer. Dire qu'on ne peut aller au delà ou à côté est une absurdité. La science et l'art, en nous ouvrant constamment des horizons nouveaux, nous ont montré que l'impossible ne peut être absolu.

Les lois qui régissent l'art ne peuvent donc se formuler. Leur généralité même s'oppose à la forme claire et précise d'une définition. Ce n'est pas à dire que l'art soit exempt de certaines règles ; mais ces règles, reposant surtout sur le sentiment du beau et du vrai, laissent beaucoup de latitude à ceux qui doivent les interpréter. Aussi est-ce surtout dans l'art que l'initiative personnelle doit être laissée dans toute sa liberté à l'artiste. Le chemin qu'il suit, il est seul à le parcourir ; il n'est par conséquent responsable de son esthétique qu'envers lui-même. Le goût et le bon sens de chacun sont là pour l'applaudir ou le huer. Et d'ailleurs ceux qui se sont lancés sur ses traces sont libres aussi de s'arrêter en chemin, s'ils le voient pencher vers l'erreur ou l'extravagance.

N'oublions jamais que l'artiste n'a d'autre influence que celle qu'il peut tirer de ses talents ou de son intelligence ; donc il ne peut être dangereux au point de vue social. Pourquoi alors lui imposer des règles qui l'étreignent et le paralysent ? Ah ! laissons-le sans crainte déployer ses ailes et s'échapper vers les régions inexplorées. S'il est soutenu par le travail et le génie, il tracera, soyez-en sûr, un sillon lumineux ; s'il n'est qu'orgueilleux et incapable, le sort d'Icare lui est réservé.

L'art a mille formes diverses. Phidias et Michel Ange ont compris l'esthétique d'une façon différente et pourtant ils sont tous deux arrivés au sublime par des routes diverses. Shakespeare et Victor Hugo n'ont-ils pas d'ailleurs en cent endroits porté le grotesque à des hauteurs où il confine le beau ?

Surtout qu'on ne dise pas que la liberté et l'irresponsabilité de l'artiste sont des causes de corruption et de perversion de goût. C'est le contraire qui a toujours lieu. L'artiste n'est que le reflet de la société dans laquelle il vit, et son œuvre n'en est que la copie. C'est donc lorsque les notions malsaines ont perverti le sens moral du public, c'est lorsque les peuples sont esclaves et corrompus que l'art replie ses ailes d'or et tombe des hauteurs de l'idéal dans la fange et la corruption.

CHAPITRE XII.

DE L'ART EN EGYPTE

I. *Architecture*. — Pyramides, marches, galeries intérieures, puits d'initiation. — Chambre du roi. — Souterrains, labyrinthe de Fayoum, les initiés. — Adam et Eve. — Temples, palais, maisons. — Hypogées, hommes, chats, crocodiles, ibis. Apis.
II. *Sculpture.* — Sarcophages. — Le tombeau de Rhamsès IV. — Les mesures égyptiennes. — Obélisques. — Stèles. — Statue. — Bas-reliefs. — Statuettes ou divinités égyptiennes.
III. *Peinture.* — Traces sur les statues et dans l'intérieur des sarcophages.
IV. *Métallurgie.* — Joaillerie. — Ornementation.
V. *Musique.* — Instruments employés.

I

Architecture.

Le nombre considérable de temples, de palais, de pyramides, d'hypogées, de tombeaux, de souterrains que renferme l'Egypte fait de la vallée du Nil le pays de l'antiquité le plus curieux à étudier sous le rapport de l'architecture. On peut dire qu'à chaque pas sourd du sol une ruine qui vient témoigner de la grandeur et de la civilisation de la vieille terre de

Kémé. A Thèbes, à Saïs, à Memphis, à Héliopolis, dans toute la plaine d'El-Assassif et jusque dans l'oasis de Thèbes ce ne sont que monuments architecturaux.

Parmi eux, les plus anciens sont incontestablement les Pyramides. Nous avons déjà dit que l'époque de leur construction se perd dans la nuit des temps. Le calcul de probabilité de Mahmoud-Bey assigne trois mille trois cents ans d'existence avant notre ère à la grande pyramide de Giseh, et toute l'antiquité grecque vient à l'appui de cette opinion.

La destination de ces monuments en pierre taillée est longtemps demeurée indéterminée parce qu'elle était complexe. Aujourd'hui, on s'accorde à penser qu'ils servaient de tombeaux aux rois qui les firent construire, d'observatoires aux prêtres, de lieux d'initiation et enfin de magasins pour enfermer les trésors. Des souterrains les faisaient communiquer avec les temples voisins et avec des hypogées dans lesquels vivait toute une population constamment soustraite à la lumière du jour.

On monte au sommet des pyramides par d'immenses gradins de pierre ayant chacun près d'un mètre de haut. On en compte deux cent sept pour arriver à la plate-forme carrée de dix mètres de côté qui surmonte celle de Chéops. Relativement à cette pyramide, il est probable que quelques assises de granit du sommet ont été enlevées soit pour construire au Caire les palais des califes et des soudans, soit par suite des intempéries des saisons répétées pendant cinq mille ans.

Les blocs immenses employés à la construction de ces édifices, leur taille artistique, aussi bien que la manière scientifique dont ils sont assemblés, indique une connaissance approfondie des lois de la statique et l'usage de moyens mécaniques propres à obtenir ces étonnants résultats.

Des cavités sont pratiquées dans l'intérieur des massifs. Ce sont des galeries. Pour la pyramide de Chéops, l'entrée de la galerie se trouve à la soixante-dix-septième marche à partir du sol. C'est une sorte de grotte à parois de marbre et à voûte triangulaire. Pour y pénétrer, on est obligé de placer les pieds sur deux rainures qui règnent en descendant tout le long du couloir voûté trop bas pour qu'on puisse s'y tenir debout. Entre les deux rainures existe une fissure profonde et longitudinale qui est longue d'environ cent cinquante pas. Pour aller plus avant, il faut alors passer en rampant sous une voûte obstruée, au bout de laquelle se trouve une galerie qui conduit à un carrefour. Au centre du carrefour existe un vaste puits. Un escalier part aussi de là pour conduire à la chambre du roi, petite pièce voûtée de treize mètres environ de superficie.

C'est par le puits central que l'on communiquait avec les souterrains inférieurs où avaient lieu les diverses épreuves de l'initiation. La dernière de ces épreuves, qui du reste ressemblaient beaucoup aux mystères d'Eleusis, de Samothrace, du Liban et à ceux de la franc-maçonnerie, ne manque pas d'une certaine importance en ce sens qu'elle nous donne l'explication de l'origine de la légende d'Adam et d'Eve.

L'initié ayant satisfait aux épreuves de l'enfer (*loci inferi*), était endormi au moyen d'un breuvage préparé et transporté pendant son sommeil dans l'oasis de Fayoum où l'attendaient toutes les séductions des sens. Il pouvait céder à toutes, sauf à celle de la chair. Un bas-relief qui a quatre mille ans d'existence, bien antérieur à Moïse, par conséquent, nous montre, sous un arbre, autour duquel est enroulé le serpent Typhon (le dieu du mal), une femme nue qui présente la pomme à l'initié. Si le candidat, après trois mois d'abstinence charnelle, cédait à cette suprême tentation, il était chassé du paradis et condamné à errer dans le monde. Un dessin d'un cercueil égyptien, du musée du Louvre, antérieur de plusieurs siècles à l'auteur de la Genèse, retrace la même légende : « La femme, sous la figure du ser- » pent présente la pomme à l'homme qui debout » devant la femme, témoigne, par l'attitude... de » ses vives appétences à la satisfaction immédiate de » l'acte de la chair. » (*Div. égyp.*, Beaur, p. 506.) Telle est, dépouillée des inventions métaphysiques de Moïse, la légende que ce législateur a partout pu trouver en Egypte.

Une seule des pyramides est construite en briques : elle est l'œuvre des Hébreux captifs et fait partie de celles de Sakkarah.

Il est probable que les habitations des primitives cités égyptiennes furent construites avec des briques; les découvertes de Lepsius, dans ses fouilles pratiquées autour du lac Mœris et sur l'emplacement de l'ancien labyrinthe, ont confirmé cette opinion en remettant au jour des villes entières de briques enterrées sous le sable du désert. Quoi qu'il en soit, Homère nous apprend (Odys., liv. IV), qu'en 1209 av. J.-C., les maisons de Thèbes avaient, en Grèce, la réputation d'être fort confortables et pourvues d'objets de luxe.

Les nombreuses tourmentes politiques qui, à diverses époques, ont traversé l'Egypte dans tous les sens, n'ont laissé debout que peu de temples et de palais. C'est sous le sol qu'il faut presque toujours aller chercher leurs vestiges. Ces traces toutefois témoignent, de la part des Egyptiens, d'une grande connaissance dans l'art de construire et de moyens puissants en usage pour mouvoir les grosses masses.

Les hypogées, grâce à leur situation et au respect que tous les peuples de l'antiquité ont porté aux dépouilles des morts, sont parvenus jusqu'à nous dans un état de conservation plus complet. Percés pour la plupart dans le flanc des montagnes libyques, leurs voûtes ont à en supporter le poids, et elles ont jusqu'ici si bien rempli leur rôle qu'on ne trouve encore aujourd'hui que peu de dégradations. Il existait des nécropoles pour les hommes, d'autres pour les chats, d'autres pour les crocodiles, d'autres pour les ibis, d'autres enfin pour les Apis.

II

Sculpture.

Les sarcophages sont en pierre dure, granit de

Syène ou albâtre. La matière est taillée avec art. Les plus anciens sont sobres d'ornement et tirent en général toute leur beauté des effets de la ligne droite. Champollion a retrouvé sur un papyrus du musée de Turin le plan du tombeau de Rhamsès IV tracé par l'hiérogrammate chargé de sa construction. Ce plan, outre qu'il a fourni, grâce aux notes et cotes dont il est couvert, des renseignements précieux sur les mesures de longueur employées en Egypte, prouve encore que dès cette époque l'art de la taille des pierres et celui de la construction étaient fort bien connus.

Les premiers obélisques n'apparaissent que sous le règne de Thouthmès Ier, qui faisait extraire ces magnifiques monolithes des belles carrières de Syène. Le ciseau fouille déjà ce dur granit et le couvre d'hiéroglyphes d'une finesse inouïe.

Les colonnes, quoique relativement rares, sont aussi travaillées avec art. On en trouve de cannelées qui remontent au commencement du dix-septième siècle avant notre ère. Les stèles sont de petits monuments affectant la forme de colonnes ou de parallélogrammes et portent des inscriptions de tout genre. Il y en avait qui constataient des événements publics, d'autres étaient consacrés aux choses de la vie privée, d'autres enfin rappelaient des prières, offrandes ou invocations. Quelques-unes sont ornées de bas-reliefs, de peintures et de dessins très soignés auxquels l'inscription sert de légende. Ce qui rend surtout précieux ces petits monuments, ce sont les dates qu'ils renferment et qui servent souvent à rectifier ou à préciser les faits chronologiques et historiques.

La sculpture d'ornementation se développa dès la plus haute antiquité sous forme de statues ou de bas-reliefs. Dans ce dernier genre, la porte de pierre du Sérapeum, que possède le musée du Louvre, est un des plus beaux morceaux de l'art égyptien ; mais elle est relativement moderne, car elle ne date que du commencement de la dynastie des Ptolémées. A Médinet-Abou on a retrouvé des bas-reliefs fort remarquables qui sont des dix-huitième et quinzième siècles avant notre ère. Les bas-reliefs indiquent parfois sans légende la destination des monuments sur lesquels ils sont appliqués. C'est ainsi que Champollion a reconnu à Thèbes l'existence d'une salle de bibliothèque par l'étude attentive des sculptures placées sur les jambages d'une porte intérieure.

L'imitation des animaux au moyen de la pierre est quelquefois parfaite ; un des lions de la salle d'Apis au musée du Louvre en est la preuve. Les grands sphynx, les statues des rois, les statues d'Apis étaient presque toujours en granit, dont on peignait les yeux et les vêtements. Celles qu'on a retrouvées exécutées en pierre calcaire sont entièrement peintes. Ce n'est guère que sous les rois saïtes qu'on employa pour les statuaire les basaltes noir ou vert qui sont très durs au ciseau.

La petite sculpture, comprenant les statuettes des divinités égyptiennes, a laissé de nombreux échantillons. Rien d'étonnant à cela, puisque nous savons que ce jeu de figurines n'était en somme qu'une sorte d'écriture destinée au peuple ignorant pour lui rappeler l'enseignement religieux. De là la nécessité de prodiguer le nombre de ces objets et de les rendre mobiles par leur petit volume. Il est rare, en effet, que leur hauteur dépasse 40 cent.; on les trouve le plus ordinairement variant entre 2 et 15. Comme avant tout ces figurines sont destinées à vulgariser l'idée des perfections divines, l'art entre pour peu de chose dans leur confection. On cherchait surtout à faire pénétrer par ce moyen des idées dans la foule, et alors on s'inquiétait peu de la forme et même de la matière. On employa en effet et assez indifféremment la terre cuite, le bronze, la porcelaine, le verre, le basalte, le grès et le granit. Les statuettes affectent trois formes principales; elles représentent des animaux, des hommes et des hommes à tête d'animal; mais quelle que soit cette forme, elle est toujours strictement ressemblante au type primitif dans tous les sujets qui le répètent ; et ce fait nous indique la vénération profonde que les Egyptiens avaient pour ce mode d'instruction populaire.

III

Peinture.

L'Egypte, dès la plus haute antiquité, connaissait la peinture; on en trouve des traces fort remarquables sur les bas-reliefs et les statues. La peinture était plus rare sur la pierre dure que sur le calcaire; celle-ci avait en effet besoin d'être soustraite avec plus de soin aux injures du temps. Toutefois, quelques statues de basalte ont conservé sur les vêtements la preuve que l'art de peindre était pratiqué en Egypte. Quelques auteurs prétendent même que toutes les sculptures ont été recouvertes de peinture que les accidents climatériques ont effacée. Les sarcophages antiques, enterrés pendant des milliers d'années sous les sables du désert, nous ont conservé de magnifiques échantillons coloriés dont l'éclat n'a pas été altéré.

L'Egypte connaissait aussi l'art de colorier les verres et les émaux ; elle devait par conséquent posséder les [notions chimiques indispensables à cette industrie.

IV

Métallurgie.

Plus de deux mille ans avant notre ère, l'Egypte connaissait la métallurgie. On trouve en effet des masques en or battu qu'on plaçait sur la face des momies royales et qui datent des rois qui précédèrent l'invasion des Hycsos.

Elle fut aussi célèbre dans l'art de la joaillerie. Le musée du Louvre possède une coupe d'or qui porte le cartouche de Thouthmès III, des anneaux et des bracelets d'or incrustés d'émaux, des scarabés de métal précieux, des sceaux de bronze fort bien travaillés, des bagues à chaton en or gravées pour servir d'empreinte ; tous objets qui datent de la plus haute antiquité. L'Odyssée nous apprend d'ailleurs qu'en 1209 on fabriquait à Thèbes des corbeilles roulantes en argent, des aiguières d'argent, des trépieds, des quenouilles précieuses et des monnaies d'or.

V

Musique.

La musique était connue des antiques égyptiens ; l'inspection seule des bas-reliefs qui nous sont demeurés en est la preuve. Les instruments qu'on y retrouve le plus généralement sont : les cornes, les cymbales, les trompettes de bronze et des tambours de diverses formes et de dimensions différentes. On sait d'ailleurs que la flûte de roseau simple ou double remonte à la plus haute antiquité. Il est hors de doute que les instruments à corde, tels que harpes, lyres et luths étaient déjà connus du temps de Moïse ; les pharaons s'en servaient pour rehausser l'éclat de leurs cérémonies.

Loin de moi la pensée de prétendre que la musique de ces temps reculés put avoir quelque analogie avec celle des temps modernes. L'harmonie n'était pas évidemment créée, les rapports des sons étaient lettre close ; mais il est cependant nécessaire de constater que plus de quinze siècles avant notre ère avaient lieu les premiers essais d'un art qui ne peut se développer qu'au sein d'une civilisation très raffinée.

CHAPITRE XIII.

DE L'ART EN ASSYRIE ET EN CHALDÉE.

I. *Architecture.* — L'art à Babylone et à Ninive. — Emplacement des ruines. — Descriptions des villes assyriennes, enceintes, forteresses, tours, créneaux, fossés. — Rapidité de la construction des cités, explication de cette rapidité. — Les murailles, briques, inscriptions cunéiformes, revêtements. — Couvertures, la voûte, les terrasses, mode d'éclairage et d'aération. — Influence de la voûte comme couverture sur les dimensions des salles, cours intérieures. — Temples, les étages, l'autel, tour de Babel, galeries. — Les temples de M. Layard à Nimroud. — Règles de la construction en Assyrie. — Dégorgeoirs et tunnels, pont, tablier. — Chambres funéraires. — Jardins suspendus de Babylone.

II. *Sculpture et peinture.* — Ce qu'est la sculpture en Assyrie. — Les grandes allées de monolithes. — Les statues humaines. — Bas-reliefs de Ninive. — Revêtements des murailles à Babylone. — Peinture. — Les *temen.*

III. *Gravure, céramique, métallurgie.* — Gravure en creux et en relief. — La céramique en Assyrie. — Métaux vulgaires et métaux précieux. — Statues métalliques.

I

Architecture.

L'histoire de l'art en Assyrie offre quelques différences, suivant qu'on l'étudie à Ninive ou à Babylone; mais ces différences ne m'ont point paru assez sensibles, et d'ailleurs les points communs sont trop nombreux, pour qu'il soit utile de séparer, dans ce travail, les deux cités reines de l'Orient. Toutefois, nous indiquerons les particularités caractéristiques propres à chacune de ces conceptions esthétiques, à mesure que nous les rencontrerons sur notre route.

C'est sous les monticules terreux des bords de l'Euphrate et du Heidekel qu'il faut aujourd'hui aller chercher les ruines de ces opulentes villes qui ont pendant tant de siècles commandé à l'Asie ou contribué à sa gloire. Les noms par lesquels les Arabes modernes désignent les collines sous lesquelles sont ensevelies tant de splendeurs et de souvenirs historiques sont : autour de Babylone : Birs-Nimroud, Tell-Ibrahim, Borsippa, El-Kesneh, Cutha, Tell-Bender, Babil, El-Kasr, Tell-Amran, Mudjellibeh; autour de Ninive : Nabbi-Younas, Koyoundjouck et Nimroud. Toutes ces élévations renferment des ruines de temples, de palais, de forteresses, de villes, d'aqueducs, de demeures funéraires qui ont échappé à la destruction complète, grâce à l'énorme couche de terre dont elles sont recouvertes. En outre, on trouve disséminées, dans la campagne assyrienne, une quantité considérable d'autres éminences qui marquent la place d'autres cités importantes. Ce sont : Erech, Chalanné, Larsam, Nippour, Sippara, Niffer, Senkereh, Zarikuki, Khorsabad et Kaleh-Shergat.

Des fouilles ont été pratiquées par de savants explorateurs au sein de tous ces monticules, et c'est le résultat de leurs travaux que nous allons essayer d'exposer rapidement au point de vue de l'art.

Nous tomberions dans une grossière erreur, si nous comparions les antiques villes asiatiques à nos cités modernes. Hisr-Sarkin, Babylone, Ninive ne sont que d'immenses camps retranchés destinés à protéger tout un peuple.

Généralement, une première enceinte carrée couvre une étendue immense de pays qui, à Babylone, par exemple, n'est pas moindre que la superficie de tout le département de la Seine. Une seconde, appelée boulevard, de forme également carrée et dont les faces sont parallèles à la première, enferme dans son périmètre la ville habitée, qui, d'ordinaire, ne comprend qu'une surface moitié de celle que confine l'enceinte extérieure. Les habitations sont isolées les unes des autres ; elles forment des groupes séparés eux-mêmes par d'immenses espaces. Une bande de terre, où ne s'élève aucune construction, longe la partie intérieure du boulevard, diminuant ainsi la surface consacrée à la population urbaine. Des forteresses, et généralement le palais du roi, sont placés à cheval sur l'enceinte extérieure, de manière à présenter la moitié du développement de leurs constructions carrées dans la campagne. Inutile de dire que toute la partie externe des forteresses et palais est fortifiée, à la façon de l'enceinte extérieure, par une suite de créneaux, de tours, et par un large fossé qui règne tout autour. Les palais, qui, comme nous l'avons déjà dit, affectent la forme carrée, sont composés d'une quantité considérable de cours rectangulaires de toutes dimensions, autour desquelles sont disposés les bâtiments destinés à l'habitation et aux nombreux services des monarques asiatiques. Pour se rendre compte du développement fabuleux des constructions nécessaires à un palais, il suffit de savoir que Sarkin pouvait facilement loger quinze mille serviteurs ou officiers attachés à la personne du roi.

Si maintenant l'on songe au prodigieux métrage de murailles qu'il faut édifier pour construire une ville sur ce plan, on est tenté de croire qu'il faut également un nombre prodigieux d'années pour la voir achever. Eh bien ! non. Sept à huit ans suffisent à Sarkin pour fonder la cité qui, dans sa pensée, devait être la rivale de Ninive, et il n'en aurait pas fallu probablement beaucoup plus pour élever Babylone, si elle avait été conçue et construite d'un seul jet. La raison de cette rapidité dans l'exécution se trouve dans ces deux faits : que toutes les murailles sont en terre, et que les monarques asiatiques disposaient d'un personnel immense en sujets, tributaires ou captifs ramenés des expéditions lointaines. Pressés d'ailleurs de consigner sur leurs monuments et dans leurs demeures les fastes de leurs empires, les rois assyriens n'avaient pas le temps d'ouvrir des carrières, et de faire transporter et tailler leurs matériaux durs et encombrants. Au reste, la pierre était extrêmement rare en Chaldée, et Ninive, fondée après Babylone, conserva, relativement à l'art de construire, les traditions qu'elle avait puisées dans la mère patrie. Nous verrons, quand il s'agira des bas-reliefs, que Ninive, qui en posséda une quantité considérable, les faisait, pour plus de rapidité, sculpter sur place, après la pose et le scellement des pierres, et alors que les murs étaient déjà élevés.

On ne se servit que de briques séchées au soleil ou cuites au feu pour élever les murailles. Ces briques, de dimensions plus fortes quand elles sont en argile crue, sont couvertes, quand elles sont cuites, d'inscriptions en caractères cunéiformes. L'écriture, placée au centre de la brique sur plusieurs lignes parallèles, forme un rectangle dont les caractères sont exactement pareils sur des milliers d'exemplaires, ce qui prouve d'une façon indiscutable qu'on les imprimait, au moyen d'un moule en relief, sur l'argile, avant qu'elle eût subi la cuisson. Les ciments employés pour relier les briques sont la terre, le bitume d'Is et la chaux. Les bords seuls de la brique recevaient les ciments ; on disposait ceux-ci de façon à ne pas nuire à la pureté de l'inscription, puis la brique était renversée de manière à ce que l'écriture fût placée en dessous. Des lits de roseaux entrelacés étaient disposés entre les assises de briques pour relier ces dernières. Enfin, tandis qu'à Babylone les parties basses des murailles étaient plaquées de briques cuites, vernies ou peintes, à Ninive, elles étaient protégées contre les frottements par des plaques de pierre sculptée dont la hauteur atteignait parfois 3 mètres 60 centimètres à partir du sol.

On a longtemps disputé et discuté pour savoir quel était le mode de couverture employé par les Assyriens. Aujourd'hui, il n'y a plus de doute à cet égard. La voûte que l'on croyait, à cause des difficultés d'exécution qui lui sont inhérentes, appartenir à la science moderne, était pratiquée partout, en Asie, avec une habileté qui s'est jouée de tous les obstacles. Non seulement, en effet, nos explorateurs y ont rencontré le plein cintre, l'angle aigu et le tiers point, mais encore l'ellipse, l'ogive évasée, l'ogive étroite, le cintre surbaissé et l'anse de panier. Ces courbes gracieuses s'entrecroisent et se mélangent par des dégradations insensibles; et, particularité bizarre ! les voussoirs, au lieu d'être postés sur champ, comme dans nos voûtes actuelles, sont placés à plat, s'élevant peu à peu, et sans transition brusque, du sommet des murailles jusqu'à la clé, constamment d'argile sèche. Des masses de terre recouvrent les voussoirs et les maintiennent en place par leur poids. Ces terres ou terrasses ont des largeurs variables; il en existe beaucoup de 10 mètres environ, mais il en est de dimension bien supérieure. Les bords des terrasses sont crénelés par un système de triangles ou de rectangles. Leur surface est percée par de petits manchons d'argile cuite qui vont porter le jour dans les appartements situés au-dessous, en traversant d'abord toute la couche terreuse, puis la voûte, pour déboucher sous l'intrados, ordinairement stucqué de blanc. Au-dessus de quelques salles carrées, on a retrouvé des traces de coupoles demi-sphériques d'argile moulée d'un seul bloc. Dans ce cas, la voûte apparaît en saillie au-dessus des terrasses.

On comprendra facilement que ce mode de couverture ait eu, en Assyrie, une influence considérable sur la forme et les dimensions des salles. Celles-ci, en effet, sont presque constamment plus longues que larges. Il en est même dont la longueur égale sept fois la largeur. C'est là, au point de vue artistique, un défaut capital qui fait ressembler les appartements de Ninive et de Babylone à de longs corridors; mais ce défaut est inhérent à l'emploi exclusif de la voûte comme mode de couverture. Il eût même été intolérable, ce défaut, pour ces monarques asiatiques si jaloux de déployer dans des cérémonies leur faste orgueilleux, si ceux-ci n'avaient tourné la difficulté par la création de nombreuses cours intérieures à ciel-ouvert, où pouvaient à l'aise s'étaler leurs magnificences. A Babylone, ces cours sont généralement pavées de briques cuites, tandis qu'à Ninive, où la pierre est commune, elles sont dallées au moyen de pyramides quadrangulaires de granit, enfoncées dans l'argile par la pointe. Dans les cours, les parties supérieures des murailles présentent des saillies ou encorbellements de forme voûtée, soutenus par des pilliers droits encastrés dans le plan vertical des murs. Ce système d'ornementation avait aussi son utilité. Sous le brûlant climat de l'Orient, les saillies nombreuses produisaient des ombres au sein desquelles la foule des serviteurs pouvait se livrer sans crainte aux douceurs du farniente si impérieux dans ces contrées aimées du soleil

Les temples assyriens renversent toutes les notions que nous pourrions avoir *à priori* sur la forme de pareils édifices. C'est, en effet, en plein air que s'accomplissaient les rites religieux en Orient. De là, la nécessité de mettre les officiants sur des hauteurs qui leur permissent d'être vus de loin. Les temples ne sont donc que des autels élevés en forme de pyramides. Leur construction est partout identique. Sept étages successifs, à surface quadrangulaire, sont superposés les uns aux autres, diminuant de superficie de la base au sommet. La hauteur totale de l'édifice égale le côté de la base. Un escalier fort doux monte en spirale jusqu'à la petite plate-forme supérieure où se trouve l'autel de la divinité. On élevait assez indifféremment de ces temples-pyramides à tous les dieux. Le roi Uruck, vers 1900 avant notre, en fit construire un à Chalanné, qu'il consacra à Sin ; un autre à Larsam, qu'il dédia à Samas ; plusieurs à Niffer, à la mémoire de Bélus et de Mylitta-Tauth. Tous les rois de race hindoue prodiguèrent ces sortes de constructions et ils furent imités par leurs successeurs ; aussi, le sol de l'Assyrie est-il encore aujourd'hui couvert des ruines de ces monuments.

La fameuse tour de Babel n'est pas autre chose qu'un temple élevé probablement par quelque monarque aryen et dont la construction demeura inachevée par la fuite des ouvriers de nations diverses frappés de terreur à la fois par la foudre et l'inondation provenant d'un gros orage. On sait que cette tour, construite à Borsippa, fut, « après quarante-deux vies humaines, » achevée par Nabuchodonosor.

Les sept étages de ces monuments étaient en terre. Chacun était revêtu d'un stucage présentant les diverses couleurs consacrées aux dieux sidéraux :

blanc pour Vénus, noir pour Saturne, orange pour Jupiter, bleu pour Mercure, rouge pour Mars, argent pour la lune, or pour le Soleil.

Le massif des temples est parfois creusé d'une galerie voûtée qui s'enfonce dans l'intérieur et dans laquelle on pense qu'était enfermé le cadavre du roi constructeur de l'édifice. Les inscriptions nous apprennent, en outre, que les trésors des monarques assyriens étaient déposés dans ces temples. Etait-ce dans la galerie dont nous venons de faire mention? Etait-ce dans les fondations même de l'édifice? Nous n'avons encore là-dessus aucun renseignement.

M. Layard a cru reconnaître d'autres temples de forme différentes et qui seraient circonscrits de murailles dans les fouilles qu'il a pratiquées à la colline de Nimroud; mais il est probable que les monuments qu'il a appelés ainsi avaient une autre destination que des découvertes nouvelles viendront révéler. Toutes les nations orientales, en effet, ont pratiqué leur culte primitif en plein air, et s'il existe des temples clos en Assyrie, ils doivent être relativement fort modernes. Ne savons-nous pas, d'ailleurs, que les Perses s'indignaient de voir les Egyptiens enfermer leurs dieux dans des murailles?

Deux règles invariables président constamment en Asie à la construction de tous les édifices; premièrement, leur base repose sur une plate-forme assez élevée, destinée sans doute à les garantir des inondations que les orages rendent fréquentes dans ces climats; secondement, ils sont exactement orientés de façon à présenter leurs arêtes principales aux quatre points cardinaux. Cette dernière disposition semble avoir été commandée tant pour que les façades ne puissent jamais recevoir normalement les chauds rayons du soleil que parce que les arêtes de la bâtisse, ainsi disposées, découpaient de tous côtés des ombres qui pouvaient servir à marquer les diverses heures du jour.

Des galeries souterraines servaient à l'écoulement du trop plein des eaux des fleuves qui traversaient les villes, afin de préserver ces dernières de l'inondation. Lorsque les premières chaleurs du printemps faisaient fondre les neiges sur les hauts plateaux de l'Arménie, l'Euphrate, gonflé en route de nombreux affluents, descendait vers les campagnes chaldéennes avec l'impétuosité d'un torrent. Ses eaux, dans la traversée de Babylone, comprimées entre deux quais bien maçonnés, auraient infailliblement envahi la ville si elles n'avaient trouvé, à une certaine hauteur, de béants orifices voûtés où elles se précipitaient. Ces dégorgeoirs avaient la forme de siphon et en remplissaient l'office. Un tunnel existait aussi sous l'Euphrate, qui réunissait le palais de la rive droite avec celui de la rive gauche. Un pont traversait également le fleuve. Pour l'établir, il avait fallu détourner l'Euphrate. On avait, à part cette particularité, procédé comme le font nos ingénieurs : enlèvement des vases et sables mouvants, rassemblement de matériaux lourds, tels que pierres et métaux aux endroits qui devaient servir à supporter les piles, construction de ces piles en biseau du côté d'amont. A Babylone, de simples poutres de cèdre étaient jetées sur les piles pour établir la communication, et elles étaient enlevées la nuit par mesure de police.

Les chambres funéraires, découvertes dans les fouilles de Chalanné, ne présentent qu'un médiocre intérêt architectural. Elles sont généralement construites en briques cuites dont les voussoirs sont disposés de façon à former une voûte pointue. Elles sont conçues sur de très petites dimensions; les cadavres qu'on y a retrouvés sont environnés de menus objets, tels que colliers et armes de bronze ayant appartenu au défunt.

Nous ne dirons, pour terminer ce petit travail d'architecture, que quelques mots sur les fameux jardins suspendus de Babylone, attribués à Sémiramis et qui sont l'œuvre entreprise par Nabuchodonosor pour complaire à la reine Amytis. De forts piliers, maçonnés avec soin, supportaient des voûtes qui formaient la première terrasse. Au-dessus de celle-ci, s'en élevait une seconde qui, elle-même, servait de base à une troisième, sur laquelle était planté le jardin. Les arbres de haute futaie enfonçaient leurs racines dans les pilastres creux, les arbustes trouvaient assez de terre pour leurs radicelles sur la plate-forme supérieure, des conduits cachés dans les bâtis des supports amenaient, soit directement soit au moyen de de machines, l'eau de l'Euphrate dans toutes les parties de ce vaste jardin, qui a longtemps été regardé comme une des merveilles du monde. D'ailleurs, Diodore, Strabon et Quinte-Curce ont laissé des descriptions suffisamment détaillées de cette fantaisie d'une femme ennuyée pour que nous n'ayons pas besoin de nous y arrêter plus longtemps.

II

Sculpture et peinture.

Il ne faut pas juger la sculpture en Assyrie d'après les œuvres de la Grèce. Le génie hellénique avait divinisé la beauté. Il était arrivé, presque dès le début, à cet équilibre de proportions, à cette richesse de courbes et de contours que nous n'avons jamais pu dépasser. En Assyrie, l'art sculptural est dans l'enfance ; les plus beaux morceaux sont anatomiquement fautifs ; mais, en général, ils étonnent par le grandiose de la conception et la sauvage hardiesse de l'exécution.

A toutes les portes des palais et des villes de la Ninivie se trouvaient d'énormes statues monolithes représentant des lions ou des taureaux opposés face à face et surmontés de têtes humaines. Quelquefois, le nombre de ces sculptures était considérable, et alors elles étaient disposées de façon à former de véritables allées qui allaient se perdre dans la campagne. Leurs dimensions allaient parfois en augmentant à mesure qu'on se rapprochait de l'entrée où se trouvaient toujours les plus beaux échantillons de l'art sculptural. C'étaient, en général, des monolithes dont le poids était énorme. Il a parfois atteint quarante mille kilogrammes. C'est dans le palais qu'Assar-Haddon se fit construire à Chalab qu'on a retrouvé les plus beaux lions et taureaux qu'ait pu produire le ciseau ninivite.

Les statues humaines sont assez maladroitement conçues ; nulle science anatomique, nulle proportion dans les formes, nul mouvement dans les corps, pas de physionomie dans les têtes : tels sont les caractères qui les distinguent. Elles sont d'ailleurs relativement rares. La statue d'Assur-Nasirpal, retrouvée à Nimroud ; celles de Khorsabad, remises au jour par M. Place, sont plates et ne sont évidemment destinées qu'à être vues de face.

Mais, c'est surtout dans les bas-reliefs que Ninive s'est distinguée. Elle a poussé l'amour de ce genre de sculpture jusqu'à un degré inouï. Toutes les entrées, tous les passages, tous les appartements, toutes les cours, tous les murs enfin, même les murs de fortification étaient tapissés jusqu'à une hauteur moyenne de trois mètres de bas-reliefs dont la longueur additionnée arrive, pour certains palais seulement, à cinq kilomètres. En général, c'est l'albâtre qui est ainsi travaillé. Toutefois, dans les passages et les endroits sujets à un frottement continuel par suite d'une circulation plus considérable, on a employé des pierres plus dures et surtout le basalte. Mais, soit inhabileté de l'artiste, soit imperfection dans les instruments qu'il avait à sa disposition quand il a affaire à ces corps durs, son œuvre est plus grossière. Il réussit incontestablement mieux avec l'albâtre ; aussi, c'est avec cette matière qu'il se livre à la plus étonnante multiplicité de sujets et d'attitudes. Ici, c'est un chasseur intrépide qui vient de lancer une flèche à une panthère ; là, c'est le sac d'une ville ; plus loin, une chasse aux oiseaux de l'air ; plus loin encore, la rentrée triomphale d'un monarque vainqueur. Cérémonies religieuses ou politiques, réceptions d'ambassadeurs, défilés de troupes ou de vaincus, batailles de terre ou de mer, épisodes de siège, combats singuliers, tous les incidents de la vie publique, en un mot, sont abordés par les sculpteurs avec une hardiesse de conceptions qui laisse quelquefois bien à désirer sous le rapport de l'exécution, mais qui, pour nous, a l'avantage inappréciable de nous faire connaître les usages, les mœurs et l'histoire de ces vieux peuples qu'on croyait ensevelis à jamais. Des légendes en écriture cunéiforme rendent, d'ailleurs, facile et viennent heureusement compléter ce que l'inhabileté de l'artiste a laissé de vague dans l'esprit.

Quelques bas-reliefs ont été retrouvés en Chaldée ; mais outre qu'ils sont peu nombreux, ils sont, comme travail, de beaucoup inférieurs à ceux de l'Assyrie proprement dite.

Babylone, en effet, tirait tous ses effets ornementaux de la brique vernissée et peinte. Elle a obtenu ainsi de très beaux résultats. Grâce à la science acquise des procédés de la peinture au feu, elle a orné ses cours et le bas de ses murailles de riches représentations dont la variété égale celle que Ninive obtenait avec la pierre. Bérose rapporte qu'à l'intérieur de la cellule qui surmontait le temple des Assisses de la Terre (Tour de Babel) se trouvaient représentés des êtres à deux têtes : une d'homme, une de femme; des hommes avec deux ou quatre ailes, des hommes

à pied de chèvre et à tête cornue, des hippocentaures, des chevaux à tête de chien, des taureaux à tête humaine, des serpents, etc. M. Place a retrouvé dans les fouilles du Grand Château des briques vernissées et peintes de bleu et de jaune ; il a pu reconnaître des restes de peinture représentant des murailles, des arbres, un pied de cheval, les membres d'un lion et un œil humain. La Bible d'ailleurs nous apprend (Ezéch., ch. XXIII, v. 15, 16) qu'il y avait à Babylone « des hommes peints sur les murs, sa-
» voir, les images des Chaldéens peintes de ver-
» millon, ceints de baudriers sur leurs reins et ayant
» sur leurs têtes des coiffures flottantes et teintes ;
» des tiares de diverses couleurs. »

A Ninive, on n'ignorait pas non plus les procédés de l'art de la peinture ; des traces de bas-reliefs ne laissent pas de doute à cet égard. Comme en Egypte la pierre était couverte de vives couleurs, et l'on peut constater que les yeux des taureaux et lions qui gardaient les portes des palais étaient peints de blanc et de noir, afin sans doute d'intimider ceux qui entraient.

La petite sculpture n'a guère été pratiquée qu'en Chaldée. Ce sont ordinairement des cachets, des cylindres, des pierres percées, des armes en basalte, des statuettes, tous menus objets qu'on trouve surtout dans les chambres funéraires et sous les fondations des portes, mélangés dans ce cas avec des coquilles percées et des amulettes de toute forme. On sait d'ailleurs par les inscriptions que ces amulettes, que les Chaldéens portaient d'ordinaire sur leurs vêtements, étaient jetées dans des puits avec le *temen* ou pierre de consécration et d'autres plaques métalliques relatant des prières, dans le double but d'attirer sur la construction nouvelle la protection des dieux et d'enlever les vices de la substruction.

III

Gravure, céramique et métallurgie.

Les gravures en creux et en relief étaient toutes deux usitées en Assyrie pour les inscriptions sur pierre. Toutefois, sur les surfaces métalliques, on ne faisait usage que de la gravure en creux. On trouve de très beaux échantillons de ce dernier genre sur les tablettes d'antimoine, d'or, d'argent, de cuivre et de plomb retrouvées, en 1854, par M. Place, dans les fondations de Khorsabad.

Il est naturel de penser qu'en Assyrie l'art céramique était arrivé à un haut degré de perfection. Nous venons de voir en effet que dès les temps les plus reculés les Chaldéens savaient nettoyer l'argile, la mouler, la cuire, la colorer, la vernir; nous savons, en outre, qu'ils employaient diverses qualités d'argile, soit pour obtenir divers effets de coloration par la cuisson, soit pour atteindre dans la pâte divers degrés de finesse. Lors des fouilles exécutées dans le palais de Sarkin on reconnut les cuisines et les boulangeries à la présence de vaisseaux de terre pareils à ceux dont se servent encore aujourd'hui les orientaux pour les usages culinaires. Dans les caves, on trouva également des amphores, sortes de vases longs se terminant en une pointe qui était fichée dans des trous maçonnés. A côté des cadavres, dans les chambres funéraires, on voit aussi de petits objets de terre cuite affectant diverses formes. Tout cela prouve combien l'art de la céramique est antique en Assyrie.

Les substances métalliques employées le plus ordinairement par les Assyriens pour la confection de leurs instruments, de leurs machines de guerre, de leurs armes ou de leurs scellements sont le bronze, le cuivre, le plomb. L'or, l'argent et l'antimoine ont toujours été regardés comme des métaux précieux; on ne s'en servait que pour l'ornementation, et dans ce cas ils étaient le plus souvent plaqués en lames minces sur des essences d'arbres rares, comme le cèdre, le cyprès, etc. Quelquefois ces métaux précieux étaient coulés dans des moules pour former des statues. Nous savons, en effet, que les représentations en or pur du dieu Mérodach et de la déesse Mylitta-Thauth furent prises par les Perses dans le temple de Bitsaggatu, lors de la conquête de l'Assyrie.

CHAPITRE XIV.

DU PROPHÉTISME EN ORIENT.

I. *Astrologie.* — Sa naissance, son but, sa dérivation, sa fin.
II. *Magie.* — Prédiction de l'avenir. — Puissance de l'homme. — Exploitation du peuple.
III. *Prophétisme.* — Signification du mot *prophète*. — Fonctions du prophète. — Leur influence. — Comment elle a débuté. — Poète, philosophe, législateur. — Le prophétisme au temps de la captivité. — Le prophétisme est toujours l'expression d'un sentiment populaire et national. — Le prophétisme aux temps de la prospérité. — Ce qu'est le prophète. — Les prophétesses. — Les voyants.

I

Astrologie.

La pureté de l'air permit aux peuples de l'Asie et de l'Afrique orientale d'observer de bonne heure et à l'œil nu quelques-uns des phénomènes astronomiques. Hindous, Assyriens, Perses et Egyptiens consignèrent ainsi une quantité considérable de mouvements périodiques dont l'influence était ressentie sur terre. Les levers et couchers, le passage du soleil et de la lune à certains points du firmament, la coïncidence de la végétation des plantes et de la maturation des grains après un certain nombre de jours ou d'apparitions solaires et une multitude d'autres rapports constants remarqués entre la terre et le ciel frappèrent leur esprit, et ils en vinrent tout naturellement à considérer les phénomènes terrestres comme liés aux événements astronomiques. La conséquence un peu forcée de tant d'observations fut que tout ce qui se passait dans la nature avait sa raison et sa cause dans les espaces célestes. La voûte du ciel fut donc peuplée d'êtres supérieurs ou de dieux invisibles dont les astres furent les manifestations matérielles et qui exerçaient une influence constante sur les événements de ce monde. Ainsi naquit peu à peu l'astrologie, science qui embrassait l'étude des corps célestes dans leurs rapports avec les événements et les êtres de notre globe.

Si l'astrologie se fût bornée à la seule constatation de ces rapports, elle eût amassé assez de faits pour constituer une réelle science. Malheureusement elle ne sut pas rester dans les limites qui lui avaient permis de former le zodiaque, de diviser l'année en douze mois, le mois en trois parties, etc., etc. On voulut tout expliquer au moyen des phénomènes célestes, et dans cette tentative l'imagination et l'arbitraire se donnèrent libre exercice. De grossières erreurs se glissèrent au milieu de faits bien et dûment constatés, et la tradition verbale par laquelle les prêtres faisaient passer leur prétendue science aux jeunes générations grossit chaque jour davantage le nombre d'événements douteux, mal étudiés ou entièrement faux. C'est ainsi qu'au bout d'un certain temps les planètes qui entourent notre globe furent divisées en mâles et femelles ; Saturne, Jupiter, Mars et Mercure furent bon gré mal gré considérés comme mâles, tandis que Vénus et la Lune furent déclarées du beau sexe. Poursuivant leurs conceptions arbitraires, on ne tarda pas à tirer des inductions qui n'étaient rien moins que fondées sur les événements futurs des hommes et des choses d'après les positions des diverses planètes avec les constellations zodiacales.

II

Magie.

A mesure qu'on dédaigna l'observation, source des premiers progrès qui servirent à établir la gloire des prêtres chaldéens, perses et égyptiens, des pratiques maintenues dans le bas peuple par la tradition, — pratiques qui étaient la conséquence de la religion naturaliste qui avait précédé les religions savantes, — s'immiscèrent peu à peu dans l'astrologie et la firent dégénérer en magie. C'est ainsi qu'on n'hésita pas à prédire l'avenir par l'inspection des faits du sacrifice, par l'interprétation des songes, par des événements quelconques, tels que la disposition des lignes du creux de la main, la prononciation authentique de certains noms et de certaines formules. Bientôt l'étude de l'histoire naturelle amena l'observation de phénomènes nouveaux. On découvrit l'influence du lotus, de la rue, du raisin, du *soma* sur les facultés cérébrales. Les dérèglements, qui étaient la suite de l'introduction dans l'estomac de ces substances ou d'autres analogues qu'on ne tarda pas à savoir composer, furent regardés comme la prise de possession du corps par le dieu qu'on y avait fait entrer. Les paroles incohérentes qui alors sortaient de la bouche du « possédé » étaient recueillies avec soin par les auditeurs prêtres qui les interprétaient à leur fantaisie.

Une chose sembla dès lors positive, c'est que l'homme possédait une certaine puissance sur les êtres supérieurs ; il pouvait, au moyen de certains breuvages, de certaines préparations, de certaines formules, les contraindre à lui obéir, à lui parler, à lui indiquer l'avenir. Lorsque donc certaines conditions sont remplies par l'homme, il « ha puissance de
» contraindre les esprits ; il les peut conjurer, ana-
» thématiser, lier, garrotter, bafouer, tourmenter,
» emprisonner, goheiner, martyrer, » suivant les pittoresques expressions de Des Periers. Des mots magiques se transmettaient en secret ; la plupart étaient les « noms véritables » des dieux. L'initié qui possédait « le nom véritable » du dieu le pouvait appeler à toute heure ; l'autre ne pouvait refuser d'obéir. Certaines formules magiques jouissaient également de ce privilège.

On comprend d'après cela l'énorme influence que durent avoir sur des peuples ignorants les astrologues, les savants, les magiciens, les devins ou thaumaturges qui, à leur gré, commandaient à la Divinité et jouissaient seuls du pouvoir de la rendre docile à leurs desseins. Mais laissons de côté cette astrologie magique, qui, en dégénérant, finit par ne plus être, surtout après la conquête de l'Egypte et de l'Asie par la Perse, qu'une manière adroite d'exploiter l'ignorance populaire au profit d'une caste unique, et occupons-nous exclusivement du prophétisme, une des branches astrologiques qui ont donné les fruits les plus remarquables en fait de littérature.

III

Prophétisme.

Les racines *noub*, *nabi*, *anubi*, par lesquelles les langues orientales ont rendu l'idée que nous traduisons par le mot de « prophète, » n'ont pas dans ces idiomes le sens de devin ou de voyant. Yao, Bouddha, Zoroastre, Manou, Abraham, Confucius, Aaron sont, en divers endroits des écritures primitives, appelés prophètes sans que cette qualification semble entraîner dans l'esprit des auteurs qui l'emploient la pensée de divination. On appelait en effet *noub*, *nabi*, *anubi*, en Orient, l'homme chargé spécialement de porter la parole. S'il existait un doute à cet égard, la Bible nous l'enlèverait. On lit en effet dans l'Exode, ch. 6, v. 29, que l'Eternel parla ainsi à Moïse :

« Dis à Pharaon, roi d'Egypte, toutes les paroles » que je t'ai dites. »

Mais Moïse était bègue ; comment, avec ce défaut de langue, pourrait-il se faire entendre de Pharaon ?

Aussi fait-il part de ses craintes à l'Eternel dans le verset suivant :

« Voici, je suis incirconcis des lèvres et comment » Pharaon m'écouterait-il ? »

Et l'Eternel répond :

« Aaron, ton frère, sera ton prophète. »

Au reste, si le mot de *prophète* signifiait exclusivement devin, on ne comprendrait pas que le christianisme l'eût adopté. Si, en effet, l'avenir est arrêté d'avance, si la raison et le génie humains sont de simples dons du ciel indépendants de l'individu, si l'homme est une machine sans initiative, sans volonté, incapable d'influencer en rien le mouvement qui l'entraîne d'une façon irrésistible vers un but fixe qu'il ignore, si, en un mot, l'homme végète sans libre arbitre, la croyance au prophétisme dans le sens de divination est logique. Elle est la conséquence du dogme de la fatalité qui plane sur la plupart des religions antiques ; mais elle est inconciliable avec la croyance au libre arbitre qu'a adoptée la communion chrétienne. Si l'homme, en effet, a quelque influence sur sa destinée, il est libre de la modifier, et dès lors il entre dans l'avenir un élément inconnu : la volonté humaine, dont il est impossible de prévoir les effets.

Donc, dans l'antiquité, le prophète était primitivement l'homme chargé de *porter la parole;* nous allons voir maintenant comment ce mot a changé de signification en traversant les âges.

Quelles étaient les fonctions dévolues autrefois aux prophètes ? Nous savons qu'en Egypte ils étaient à la tête de la hiérarchie sociale ; c'étaient eux qui avaient la charge des dix livres sacrés concernant les lois, les dieux et la discipline sacrée. Ils étaient aussi préposés à la distribution des impôts. Ainsi donc toutes les obligations religieuses, civiles et administratives leur incombaient. Ils exerçaient le gouvernement théocratique dans son sens le plus absolu. Comme mandataires de la Divinité et percepteurs de l'impôt, ils dominaient non seulement le peuple, mais encore les pharaons.

Si maintenant l'on songe à tous les points de contact que les Hébreux eurent avec l'Egypte ; si on se rappelle que la civilisation de la terre de Kémé servit de prélude à la leur, on ne s'étonnera pas de voir l'administration du « peuple de Dieu » revêtir les mêmes formes. Par les faits historiques et par l'importance qu'a chez tout peuple la question financière, il nous est facile de comprendre quelle autorité durent promptement acquérir ces « nabi » placés ainsi à la tête des finances, chargés de l'interprétation des lois, communiquant seuls avec la divinité et pouvant la faire servir à leurs desseins. Intermédiaires placés entre la puissance occulte, qui ne se révélait qu'à eux, et le peuple grossier et ignorant qu'il leur était facile de fanatiser, tenant d'ailleurs les revenus de l'Etat, ils mirent promptement les monarques asiatiques sous leur domination et purent en paix exercer l'autorité souveraine.

Il ne faut pas croire que les prophètes arrivèrent tout à coup à cette puissance. Trop habiles pour contrecarrer de face les principes égalitaires innés dans le cœur de l'homme, ils s'efforcèrent d'abord de faire disparaître leur personnalité derrière la volonté suprême des dieux. Leur importance ne fut plus ainsi qu'un reflet de la puissance divine dont ils se disaient chargés de rapporter les paroles. Et en effet, dans ces temps de demi-sauvagerie, quelle autorité un homme, fût-il d'ailleurs admirablement doué, eût-il pu tirer de sa seule valeur personnelle? Pour dominer ces peuples barbares, qui ne s'inclinent que devant la force brutale, il faut plus que de la science, plus que de la sagesse; il faut savoir se faire écouter et imposer la crainte et le respect. Ainsi donc, saisir les imaginations vagabondes par des images pompeuses, amener les cœurs par les doctrines morales, réduire instantanément l'insubordination par l'application d'affreux châtiments, tels furent les moyens employés. On les retrouve chez tous les peuples de l'Orient.

De là le triple caractère que dut revêtir l'enseignement prophétique.

On voit déjà le changement qui s'opère : le prophète n'est pas seulement un parleur, il est déjà poète, philosophe, législateur.

Comme poète, il crée ce langage si surchargé de détails, si riche de figures, si ample par la forme, si incohérent par l'idée qui caractérisera plus tard la littérature prophétique des David, des Salomon, des Esaïe, et, en général, toute la littérature orientale. Dans ce genre, l'ornementation ira toujours croissant, jusqu'au point d'absorber ou du moins d'obscurcir l'idée qui en est le fond. Quelques-uns des psaumes de David et l'Apocalypse de saint Jean suffisent pour nous montrer le péril contre lequel vient se heurter cette littérature imagée.

Comme philosophe, il établit cet enseignement de lois morales nécessaire à toute société, et que les diverses religions ont été obligées de créer partout identique, parce que partout où il y a réunion d'hommes s'imposent les mêmes besoins sociaux. Comment, en effet, pouvait-on concevoir une société où le vol, le meurtre, l'adultère seraient autorisés, et où les enfants n'auraient aucun respect ni aucune déférence pour leurs parents et supérieurs hiérarchiques ?

Comme législateur, il met au jour un code terrible et sommaire qui, chez les Hébreux, par exemple, où l'obéissance absolue était si nécessaire, nous étonne par sa barbarie et sa cruauté.

Aussi la pensée qui aime la liberté, pour pouvoir prendre son essor, ne put-elle pas se développer parmi les Israélites : elle demeura à l'état embryonnaire et ne fit que peu d'essais d'affranchissement. Quant à la raison, on comprend qu'elle dût se cacher, car il n'y a place que pour la foi chez un peuple administré d'une façon si théocratique : « S'il s'élève
» au milieu de toi quelque prophète ou quelque son-
» geur, et qu'il fasse devant toi quelque miracle.....
» tu n'écouteras pas les paroles de ce prophète ou
» ce songeur.... mais on fera mourir ce prophète ou
» ce songeur, car il a parlé de se révolter contre
» l'Eternel » (Deut., ch. XIII, v. 1, 2, 3, 5).

Plus tard cependant, quand les Assyriens vainqueurs amenèrent les Juifs à Babylone, le langage prophétique des captifs s'élève jusqu'à la conception de l'avenir. Les prophètes deviennent des « voyants » ou « inspirés. » Sous le poids des chaînes, leur bouche lance des anathèmes violents contre leurs maîtres vainqueurs, contre les riches qui les accablent de leur faste insolent, contre le prodigieux agrandissement de Babylone, qui, par sa puissance, semble devoir éterniser leur servitude. Alors, perdant l'espoir du bonheur dans le présent, ils annoncent *un règne terrestre* nouveau dont Jérusalem sera le siège. L'heure est proche, disent-ils, où la cité sainte va retrouver sa splendeur et où va commencer pour Israël une ère de prospérités, un âge d'or sans fin. Courage donc, vous tous qui souffrez sous le joug de vos tyrans, le jour de la délivrance va luire; patience, car vos douleurs touchent à leur terme. A Babylone, à Ninive, à Balk, le mouvement prophétique ne put se développer sous forme littéraire : il resta constamment subordonné aux pratiques de la magie. En Egypte, toutefois, il revêtit un caractère spécial par la sourde résistance qu'organisèrent les prêtres aux exigences des vainqueurs. On a vu, en effet, que les images taillées dont se servit la caste sacerdotale pour combattre les envahisseurs n'avaient d'autre but que de maintenir au sein du peuple la haine des conquérants et l'espoir de la délivrance.

Au reste, dans ses débuts, le prophétisme est partout et avant tout « national, » c'est-à-dire que, chez tous les peuples, il semble s'être donné plus spécialement pour mission d'exalter et de soutenir le sentiment patriotique. Partout, en effet, on sent que le prophète a la plus haute opinion de la nation à laquelle il appartient; partout il dit fort nettement que les dieux qu'il implore sont les plus puissants; que les institutions sous lesquelles il vit sont les meilleures, que les espérances qu'il entretient sont les seules désirables. De là naturellement un profond mépris pour les dieux, les institutions et les croyances des autres peuples; de là aussi l'influence considérable que le prophète exerce sur ses concitoyens. Faisant sans cesse appel aux passions guerrières ou haineuses, aux instincts de lucre, prenant, en un mot, les hommes par les mobiles les plus pervers mais les plus forts, ils parviennent souvent à dominer la caste sacerdotale régulière à laquelle ils s'imposent par leur popularité.

Il ne faut pas oublier que c'est principalement aux époques de formation nationale ou de soumission forcée que le prophétisme trouve ses plus beaux accents et revêt le caractère d'excitation patriotique. Aux temps de paix ou de grandeur, son langage se modifie, mais c'est toujours pour s'adresser aux instincts matériels. Le Cantique des cantiques, dans lequel le roi Salomon chante ses amours terrestres avec la Sulamite, pour laquelle il a sacrifié aux faux dieux, peut nous montrer dans quel matérialisme tomba le prophétisme aux jours de la prospérité. Nous avons vu qu'en Perse et en Chaldée il dégénéra encore davantage et descendit rapidement vers les pratiques astrologiques d'abord, vers la magie ensuite.

Quoi qu'il en soit, l'apparition constante du prophétisme au début des sociétés, sa vitalité, sa puissance, l'influence dont il jouit et qu'il exerça surtout sur les esprits faibles et crédules, font de cette institution antique une des pages les plus intéressantes et les plus originales de l'histoire de nos pères. On ne peut aujourd'hui séparer, même par la pensée, les peuples anciens de leurs prophètes aimés; ils sont liés les uns aux autres comme la mère à l'enfant. Ah! c'est qu'aux époques de trouble, d'ignorance ou de malheur, la direction appartient à ceux dont l'esprit a le plus rapidement saisi et formulé les impressions ressenties confusément par les foules; à ceux que leur organisme nerveux rend plus propres à verser l'enthousiasme et la chaleur; à ceux dont les mouvements intérieurs débordent en paroles ardentes et harmonieuses; à ceux qui apportent la conviction, la foi, l'espérance, quand les masses sont dans l'irrésolution ou le doute; à ceux enfin qui, méprisant le danger, sont les premiers à l'affronter. Or, ce sont là précisément les qualités qui distinguent le prophète. Impressionnable à l'excès, tout sentiment l'affecte plus particulièrement, et, pareil aux bardes et aux poètes des temps modernes, la joie et la douleur s'échappent de ses lèvres en vers sonores et cadencés.

Les femmes, que leur organisation nerveuse rend spécialement propres à ressentir la peine ou le plaisir, se jetèrent de bonne heure dans le tourbillon prophétique. Les noms de Miriam, Déborah, Hulda et celui de la femme d'Esaïe nous ont été conservés par la Bible; mais la liste n'est pas complète, et il est probable que les prophétesses furent assez nombreuses parmi les Hébreux. Chez les peuples à religions savantes, tels qu'Assyriens, Perses et Egyptiens, les femmes durent moins qu'en Judée participer à la « fureur prophétique. » Là, en effet, la femme vit, enfermée plus rigoureusement, et l'instruction scientifique n'est donnée qu'aux hommes. Pour retrouver la prophétesse comme nous la comprenons, il faut chercher dans les religions naturalistes de l'Inde, de la Grèce et de la Germanie. La France a eu la gloire de posséder dans Jeanne d'Arc le plus beau, le plus original et peut-être le dernier type des antiques « inspirées. »

Mais le prophétisme portait en lui-même le germe de sa décadence. Exclusifs, autoritaires, fanatiques, les prophètes ne craignirent pas toujours de lancer les peuples dans des entreprises téméraires qui tournèrent à mal. Dans ce cas, sans hésiter, ils rejettent l'insuccès sur les péchés et les fautes de leurs concitoyens, et, comme ils ne sont jamais en peine de remèdes, ils préconisent des pratiques absurdes ou ridicules, destinées, selon eux, à conjurer de nouveaux malheurs. C'est alors qu'ils deviennent « voyants » chez les Hébreux, « magiciens » chez les Chaldéens et les Perses. L'habitude de chercher les causes dans le passé et le présent leur fait peu à peu acquérir une certaine intuition de l'avenir que l'exercice rend plus sûre, mais dont ils abusent étrangement en la faisant reposer plus spécialement sur l'imagination, au lieu de l'asseoir sur la raison et l'observation des faits acquis.

A partir de ce moment, l'histoire du prophétisme n'est plus intéressante. Du jour où les voyants voulurent lire dans l'avenir, leur caractère s'amoindrit. Nous n'examinerons pas si quelques-unes de leurs prédictions se sont accomplies; il nous suffit de savoir qu'il en est beaucoup qui sont incompréhensibles, et beaucoup aussi qui ne se sont point réalisées.

CHAPITRE XV

DE LA RÉVÉLATION ET DES RÉVÉLATEURS

I. *De la révélation directe.* — Les deux genres de révélation. — Les révélateurs et les moyens qu'ils emploient. — Motifs. — Recherche de la vérité religieuse. — Ce que devrait être la révélation directe. — Ce qu'elle est. — Destinée des religions révélées directement. — Les trois axiomes. — Réfutation des objections de Tertullien.

II. *De la révélation indirecte.* — Sur quels principes elle est basée. — Conception des saint simoniens. — De l'inspiration ou de la grâce. — La marche ascendante de l'humanité.

I

Révélation directe.

Nous pouvons arriver à la connaissance de Dieu et de ses lois de deux façons : ou par la révélation directe qui admet que la divinité a donné à l'homme ses instructions verbales ou écrites, ou par la révélation indirecte qui n'est que l'observation des faits de la nature et de l'humanité.

La première manière appartient aux peuples primitifs, la seconde aux nations policées.

Examinons d'abord la révélation directe. Elle

emploie, pour naître et se répandre, un seul moyen, toujours le même. Manou chez les Indiens Aryas, Zorastre et Mah-Abad chez les Perses et Chaldéens, Moïse dans le désert, Ménès en Egypte, Bouddha dans l'extrême Orient; Zamolxis chez les Gètes et, plus près de nous, Mahomet chez les Arabes, prétendent tous avoir communiqué directement avec les dieux et avoir reçu d'eux soit les textes soit les instructions verbales concernant la théogonie et les lois civiles religieuses et morales des peuples divers qu'ils voulaient instruire dans les choses sacrées. La plupart du temps, c'est au sommet d'une montagne qu'a lieu l'entrevue. Les cimes de l'Albordj, du Mérou et du Sinaï ont tour à tour servi de stations intermédiaires entre le ciel et la terre. Les dieux de l'antiquité ne descendent pas volontiers de leurs piédestaux ; d'ailleurs, lors même qu'ils donneraient leurs consultations sur notre vile argile, ils ne seraient pas exposés aux regards des simples mortels, car ils ont soin de s'environner d'une muraille de tonnerres et d'éclairs. Dès lors, gare aux indiscrets ! Quand l'orage est passé, les conditions faites et le pacte signé, les voyants descendent tranquillement de leurs hauteurs et annoncent à leurs concitoyens qu'ils viennent de conférer avec l'Être suprême et, pour preuve, ils exhibent des tablettes, briques, papyrus ou omoplates contenant en écriture sacrée la loi des dieux. On les croit sur parole et la nouvelle religion est fondée; ce n'est pas plus difficile que cela !

Les révélateurs sont-ils donc tous des imposteurs ? Dieu me garde de le penser ! Tous, au contraire, ont été des hommes remarquables à l'époque où ils ont apparu, et nous avons pu apprécier plus haut la beauté de quelques-unes de leurs conceptions religieuses. Si donc, pour les faire accepter du vulgaire, ils ont cru devoir recourir à des moyens surnaturels, c'est que l'état de civilisation des peuples auxquels ils avaient affaire leur en faisait une nécessité absolue.

Dans la barbarie, en effet, l'homme ne tire son influence que de la force matérielle ; la raison y est inculte et la crainte est le seul sentiment qui puisse avoir prise sur des natures grossières. Pour se faire respecter, pour se faire obéir, il faut semer la peur autour de soi. C'est ce qui fait que les peines infligées dans l'antiquité pour le manquement aux ordres supérieurs sont si atroces, si radicales et si sommaires. Un dieu invisible aux yeux du vulgaire, un dieu maniant la foudre et les éclairs, un dieu pouvant faire tout le mal possible était bien fait pour frapper de terreur l'imagination de ceux qui eussent certainement résisté à la force brutale, visible et connue.

Pourtant, la révélation directe ayant encore ses partisans, il est de notre devoir de la combattre par tous les arguments tirés de l'observation des faits et de la raison.

Il est un sentiment inné dans le cœur de l'homme : c'est le besoin de connaître la vérité. Cette soif du vrai appelle sans cesse sa pensée vers ce qui lui paraît mystérieux. A l'état primitif, quand il se heurte contre une inconnue, il la franchit à l'aide de son imagination. Ne pouvant comprendre son dieu, il le pétrit de l'argile dont il est lui-même formé. Mais quelque soin qu'il mette à son œuvre, quelles que soient les modifications que le temps et une plus grande culture puissent y apporter, il sera toujours facile de reconnaître, à la statue, la trace du statuaire. Les dieux de Manou, de Zoroastre, de Moïse, de Ménès, de Zamolxis ne sauraient être les dieux de l'univers. Ils ne peuvent longtemps survivre aux génies qui leur donnèrent le jour, et leur conception, quelque grandiose qu'elle soit, mourra, comme meurt toute création de l'imperfection humaine.

Est-ce à dire que nous devions jeter la pierre aux fanatiques qui nous présentent les utopies de leur cerveau et les rêves de leur cœur comme le dernier mot de la vérité? Il est vrai que les résultats qu'ils ont obtenus ne sauraient nous satisfaire; il est vrai qu'ils ont toujours tourné autour du problème sans le résoudre, mais en s'élançant vers cette clarté, qu'ils ne pouvaient atteindre, ils ont du moins arraché mainte erreur et foulé maint préjugé qui eussent encore arrêté longtemps notre marche progressive. Ne nous laisseraient-ils d'ailleurs que le spectacle de leur agitation vaine, nous devrions leur en savoir gré, car ils nous montrent le précipice qu'ils n'ont pas pu éviter.

Ah! sans doute, la révélation directe eût pu trancher la question et arracher pour toujours la raison de l'homme à cette source continuelle d'erreurs. Mais est-il possible de croire à la révélation directe quand on considère que tous les hommes devant lesquels elle s'est produite ont aspiré au pouvoir suprême, et surtout quand on songe à la multiplicité et à la diversité des révélations ? Comment comprendre que Dieu ne se soit jamais révélé qu'à des ambitieux de génie ?

Pour nous, nous sommes convaincu que si Dieu se révélait, ce ne serait pas en cachette, dans un buisson, sur une échelle ou dans un coin du Sinaï, du Mérou ou de l'Albordj, mais qu'il se montrerait à toute la terre, car il ne voudrait pas laisser dans l'ignorance de sa nature et de ses lois le dernier de ses peuples; nous sommes persuadé que lors de sa manifestation, il ne prendrait pas pour témoins un homme, dix hommes, une nation, dix nations, mais qu'il verserait sa lumière de vérité aussi bien sur les Moïse et les Mahomet que sur les Kapila et les Zoroastre, aussi bien sur les Hébreux que sur les Perses et les Chinois. Nous croyons aussi qu'un texte écrit ou révélé par Dieu serait immuable par cette raison que la vérité est une. Ce serait un code devant lequel les efforts des choses et des hommes viendraient se briser. Les questions de temps, d'espace, de mœurs, de civilisation n'en pourraient rien modifier.

En est-il bien ainsi des livres appelés sacrés ? L'Inde, la Perse, l'Egypte, la Phénicie, l'Arabie eurent des livres sacrés inspirés par Dieu ou révélés par lui. Pourquoi ces écritures ne sont-elles pas identiques ? Y a-t-il donc plusieurs vérités ? S'il y a de faux prophètes ou des imposteurs, quels sont-ils ? Montrez-moi patte blanche, montrez-moi le sceau de Dieu : l'immutabilité dans la perfection. Vous ne le pouvez; vos dieux, vos dogmes sont changeants parce qu'ils sont de votre main, et, toute œuvre faite par vous sera nécessairement formée avec la science, l'art, les mœurs, les idées qui règnent autour de vous au moment de son éclosion. C'est ce qui fait sa force aujourd'hui, mais c'est ce qui fera sa faiblesse demain ; car, demain la science, l'art, les mœurs, les idées auront changé et votre œuvre ne va plus se trouver concordante avec ce nouvel état social. Or, peut-elle tenter quelque chose pour se mettre au niveau du progrès accompli ? Non, car la seule condition de sa nécessité, la suprême raison de son action sur les esprits, réside dans sa supériorité relative lors de son apparition ; mais cette supériorité, qui fut la cause de sa vie, la condamne à ne subir aucune modification sous peine de rétracter elle-même ses propres enseignements qu'elle a présentés comme parfaits. Elle mourra donc pour être remplacée par une autre meilleure ; elle mourra parce qu'elle est œuvre humaine et que rien de ce que fait l'homme ne peut échapper à la destruction. Oh ! que sa condition serait différente si, au lieu de prendre sa source dans le cerveau de l'homme, la doctrine était réellement et directement révélée par le Créateur ! Que lui importeraient alors les temps, les lieux, les mœurs nouvelles ? Elle brillerait, en ce jour, du même éclat qu'hier, parce qu'elle serait, non pas une lumière factice, mais la lumière éternelle et immuable : la vérité. Oui, s'il existait une religion révélée directement par Dieu, elle serait parfaite parce qu'il est la perfection, immuable parce qu'il est la vérité, une parce qu'il est l'unité, universelle parce qu'il est la justice. Or, quelle est la communion qui peut se flatter de remplir, je ne dis pas toutes ces conditions, mais une seule ? Posons donc hardiment ces trois axiomes : Toute religion est l'œuvre de l'homme ; il n'en peut exister de révélée directement ; une religion nouvelle n'a sa raison d'être qu'autant qu'elle est plus en rapport avec le milieu social où elle doit s'épancher.

Ici vient naturellement se placer la trop fameuse objection de Tertullien qui sert de réplique à tous les défenseurs de la révélation directe. « Ainsi qu'il con-
» vient, dit-il, à la bonté de Dieu et à sa justice,
» comme auteur du genre humain, il a donné la
» même loi à toutes les nations ; à certains temps
» fixés, il a promulgué les préceptes, quand il l'a
» voulu, par ceux qu'il a voulu, et comme il l'a
» voulu. » Autant de mots autant d'erreurs. En effet, si Dieu est juste, il ne peut se révéler quand il veut ; il est de toute nécessité que la manifestation matérielle de sa personne et de sa volonté se soit produite dès le commencement de la création, car si déjà la mort est venue frapper un seul homme qu'on me dise ce que deviendra ce mortel ainsi privé des enseignements divins. Nous avons déjà vu ce que nous devions penser de la seconde proposition de Tertullien : « par ceux qu'il a voulu, » et nous n'avons pas très bien compris pourquoi des Manou, des Zoroastre, des Moïse, des Minos auraient eu seuls le privilège de s'entretenir avec le ciel au détriment des autres mortels moins ambitieux. Quant à la troisième objection, elle tombe également d'elle-même. Si nous comprenons bien : « comme il l'a voulu » signifie

que la manifestation divine a pu être matérielle ou immatérielle ; elle a pu se faire directement par la bouche même de Dieu ou indirectement par intuition céleste. En admettant la possibilité de ces deux modes de l'enseignement divin, que les défenseurs de la révélation me disent pourquoi le premier mode, l'enseignement verbal et direct, le plus simple puisqu'il entre dans l'esprit par les sens, a été précisément choisi pour les Hébreux (peuple de Dieu) qui, par cela même qu'ils étaient meilleurs et plus aptes à comprendre, auraient, ce me semble, bien pu se contenter de l'enseignement instinctif réservé aux sauvages océaniens. Pour ce qui regarde cette affirmation de Tertullien, que « Dieu a donné la même » loi à toutes les nations, » nous n'avons qu'à dire une chose, c'est qu'il a été bien imprudent de ne l'écrire que sur des tables de pierre, car si, dès l'origine du monde, il l'avait fixée sur des tables de diamant, nous n'en serions pas encore à chercher le chemin de notre salut.

II

Révélation indirecte.

Mais s'il est vrai que la divinité se trouve dans l'impossibilité de se manifester directement à nous par la parole ou l'écriture, elle a, du moins, répandu dans la nature des enseignements qui peuvent nous mettre sur la voie de sa connaissance. Sans doute, elle sera encore grossière la notion que nous baserons ainsi sur l'observation des phénomènes et sur l'expérience combinée avec la raison ; mais si imparfaite qu'elle soit, elle s'approche déjà de la vérité et la fait en quelque sorte pressentir, car il ne faut pas songer à l'atteindre jamais. L'observation, aidée de la synthèse et de l'analyse, peut bien créer la science, mais la science elle-même n'est qu'une suite de points de repère sur le chemin de la vérité ; c'est seulement lorsque tous les points de la ligne auront été fixés, c'est-à-dire lorsque l'œuvre divine n'aura pour nous plus de mystères, que nous apparaîtra le vrai dans toute sa majesté. Jusque-là nous ne pourrons qu'approcher de sa connaissance ; mais nous en approcherons chaque jour davantage, car, à chaque heure, une erreur fait place à une vérité relative, et un jalon de plus de la grande route du vrai se trouve définitivement fixé. Marchons donc en avant, sans nous inquiéter de l'éloignement du but. Observons, étudions, travaillons, car chaque coup de pioche abat un mensonge ou un préjugé ; quand tous seront abattus, la lumière viendra enfin jusqu'à nous.

Les saint-simoniens, qui sont novateurs en beaucoup de points, envisagent la révélation comme « l'inspiration qui, à chaque époque, fournit au génie » de l'homme les sentiments et les idées au moyen » desquels il remplit successivement les conditions » attachées, dans les plans divins, au développement » de la perfectibilité humaine. » Mais qu'est-ce que cette « inspiration, » sinon la marque de la grâce céleste qui appelle certains hommes à l'accomplissement de certaines destinées ? Prenons garde, si nous acceptons un pareil principe, de voir le premier ambitieux venu chercher à nous courber sous sa domination, prétextant qu'il a reçu du ciel la mission de nous sauver de dangers peut-être imaginaires.

Nous n'admettons pas l'inspiration sans l'effort, c'est-à-dire sans le travail et la réflexion ; nous ne croyons pas que l'homme soit un instrument passif entre les mains de Dieu et qu'il puisse, à un moment donné, sans préparation, produire un chef-d'œuvre dans l'art, dans la littérature, dans la religion, dans la philosophie, dans la science, et cela par une simple opération divine. Lorsqu'un homme veut préciser quelque point obscur, il l'examine sous toutes ses faces, dans le présent, dans le passé ; il le compare aux points similaires ; il observe les influences des milieux où il s'est produit, etc.; il le travaille, en un mot ; et quand, par la persistance de son labeur, il est parvenu à le connaître, il le lance dans le monde tout empreint de son génie. Que ce soit une statue, un drame, un tableau, une doctrine, une loi, un système ; peu importe ; il n'y a pas là d'inspiration divine, il n'y a que l'inspiration humaine, fille du travail.

Loin de nous la pensée de marchander la gloire aux hommes éminents ; nous reconnaissons volontiers que l'impulsion qu'ils ont donnée a entraîné le monde en avant, mais nous nions qu'ils soient les seuls à qui doive revenir l'honneur du résultat obtenu. De même qu'une armée, réduite à son état-major, serait promptement vaincue, quel que fût d'ailleurs le mérite des chefs ; de même les génies dont, à bon droit, s'honore la race humaine s'agiteraient dans le vide, s'ils ne trouvaient une terre fertile où leur semence pût fructifier. La terre fertile, c'est la masse intelligente qui recueille, choisit, applique, s'assimile, parmi les idées que lui jettent les hommes éminents, celles qu'elle croit bonnes, contribuant ainsi, dans la mesure de ses forces, au mouvement ascensionnel de l'esprit humain. La perfectibilité n'est donc pas, comme le pensent les saint-simoniens autoritaires, une suite d'impulsions produites par une aristocratie mieux douée; c'est, en réalité, le résultat des efforts continus de tous, basés sur la raison et le contrôle de chacun.

CHAPITRE XVI.

LE BOUDDHISME ET LA CHINE.

I. *Philosophies hindoues*. — Philosophies orthodoxes, *Mimansa* et *Djaimini*, *Védanta* et *Vyasa*. — Philosophies hétérodoxes, *Veisésika* et *Kanada*, *Sankya* et *Kapila*. — Développement du système de Kapila, l'âme. — Le *Sankya* de Kapila est le point de départ du bouddhisme.

II. *Réforme bouddhique*. — Cosmogonie, cieux et enfers. — Panthéon bouddhique. — Dieux brahmaniques conservés. — *Adibouddha*, l'être suprême, *Damata*, le destin. — Apothéose de l'homme, sa déification. — Dogmes novateurs du bouddhisme, égalité religieuse, la métempsycose remplacée par l'épuration des âmes, le mérite récompensé.

III. *Le rédempteur Sakya-Mouni*. — Siddharta, sa naissance, son mariage, ses douleurs, ses pensées, son exil volontaire. — *Arata Kalama*. — *Roudraka*. — Premiers disciples, la forêt, austérités et ascétisme. — Changement de direction. — Siddharta devient Bouddha. — Combat contre *Mara* et ses phalanges.

IV. *La doctrine bouddhique*. — Néant, *nirvana*, rien de rien. — Les incarnations des bouddhas et des boddhisatvas, *Maya*, la vierge mère. — Préceptes et prescriptions de la doctrine. — Les translations.

V. *Expansion du bouddhisme*. — Prédications et missions dans le Bengale et le Dékan. — Le bouddhisme à Ceylan, nouvelle phase. — Introduction de la doctrine en Chine, luttes et péripéties. — *Wou-ti* et l'*Impératrice du Nord*, développement du bouddhisme en Chine. — Décret de 622.

VI. *Le mazdéisme en Chine*. — Le mazdéisme est la plus ancienne forme religieuse de la Chine. — Religion tao-sse, panthéon, *Tien* et *Tao*. — Les éléments et les planètes. — *Pan-kou* et la Terre. — Les révolutions zodiacales. — Les couleurs des dieux planétaires. — Les *hien* et les *chin*. — Fonctions des *chin*, supériorité de l'empereur. — L'âme double, une partie est responsable. — Mânes. — Les esprits malfaisants.

VII. *Confucius*. — Religions que le bouddhisme eut à combattre en Chine. — L'œuvre de Confucius. — Les cinq devoirs. — Résumé de sa doctrine. — Cérémonies. — Temples solaires, temples des ancêtres. — Culte phallique. — Le mazdéisme au Thibet et en Bactriane.

Conclusion.

I

Philosophies hindoues.

Nous ne comprendrions rien à la doctrine de Sakya-Mouni, si nous ne faisions connaissance avec sa conception psychologique qui en est la base. Il faut donc forcément commencer par étudier les systèmes philosophiques qui ont précédé le bouddhisme et qui servent de transition entre cette réforme et le brahmanisme.

Le recueil des *Védas*, composé du *Rich*, de l'*Iadjour*, du *Saman* et de l'*Atharvâna*, était parfois difficile à comprendre, soit que le langage eût vieilli, soit que les préceptes ne fussent pas par eux-mêmes assez clairs pour expliquer la liturgie. On dut recourir aux *Oupanishads,* c'est-à-dire aux commentaires.

C'était toucher à l'arche sainte et porter une main sacrilège sur la foi en la révélation.

Du moment qu'il fut permis de commenter les textes sacrés, deux écoles naquirent.

La première, du nom de *Mimansa*, accepta les *Védas* comme point de départ; mais, peu à peu, elle dégénéra en philosophie. Djaimini en est le chef. Les *Soutras*, qui sont son œuvre, ne sont qu'une casuistique assez obscure, où chaque cas de conscience est analysé avec méthode et résolu d'une façon définitive. Djaimini a la prétention d'être orthodoxe, et il n'est pas étrange que Koumarila, un de ses disciples, soit devenu l'un des persécuteurs les plus violents du bouddhisme naissant. Le *Vedanta*, attribué à Vyasa, est de la même école, mais plus spiritualiste et d'une allure plus libre dans ses interprétations.

Mais voici qu'apparaît le *Veisésika* de Kanada, l'une des œuvres les plus hardies des temps anciens. Ici la philosophie franchit le Rubicon; elle se dégage hardiment et nettement de la religion brahmanique; elle rejette les *Védas* et ne prend son point d'appui que sur la raison. Elle développe un système atomique qui a quelque analogie avec celui d'Epicure. Les atomes s'agrègent suivant certaines lois, se mettent en mouvement, forment des corps et puis l'univers.

C'est Kanada qui ouvre la voie à la seconde école, celle du *Sankya*, dont l'auteur, le célèbre Kapila, devait exercer une influence si importante sur le bouddhisme.

Kapila invente une philosophie de toutes pièces; il y a, en effet, dans son *Sankya* (Raison) une physique, une psychologie, une métaphysique et une logique.

D'abord il pose en principe que le but de tout système philosophique doit être de délivrer l'homme des maux d'ici-bas. La religion est reconnue impuissante à produire ce résultat. Il n'y a qu'un moyen : la science. Mais pour arriver à la science il faut apprendre à connaître. Or quels sont les moyens de connaître ? Il y en a trois : la sensation, l'induction, la révélation. Par eux on acquiert la connaissance de vingt-cinq principes dont le premier, Prakriti (la Nature), a servi à former tous les autres. Le second est Bouddhi (l'Intelligence). Le dernier est l'âme, qui provient des dix-sept principes qui le précèdent (chose bizarre, Kapila en fixe le siège dans le cerveau !) Il y a, selon le philosophe, cent dix obstacles qui s'opposent au perfectionnement de l'intelligence, neuf qui la satisfont et huit qui l'élèvent.

Observer la nature est le point de départ de la connaissance. Il n'y a pas de cause. Toute cause est effet par rapport à une autre cause. Rien ne vient de rien.

La philosophie sankya est fataliste, matérialiste et athée. C'est elle qui a inventé ce dilemme fameux : Ou bien Dieu est distinct du monde et alors il n'a pas de raison de le produire, ou il est dans le monde et alors il n'a pas besoin de le créer.

Son système admet bien une intelligence suprême qui plane sur le monde et le régit; mais ce n'est pas là un Dieu, puisqu'il est mortel et a commencé avec l'univers.

Quant à l'âme, parvenue à la science elle est libre; les passions ne la tourmentent plus; elle n'a plus ni joie, ni plaisir, ni crainte, ni espérance; elle s'absorbe dans la contemplation de la nature et atteint ainsi le bonheur. Puis elle quitte le corps. Où va-t-elle ? Le *Sankya* est muet à cet égard.

Kapila, comme nous l'avons dit, ouvrait la voie au bouddhisme, non pas tant par sa philosophie qui n'a qu'une importance d'époque, prouvant tout au plus qu'il y avait en lui un génie créateur et puissant, mais surtout par ces deux propositions qui dominent la religion de Sakya-Mouni : 1° le bonheur de l'âme réside dans l'absence du corps et des passions ; 2° la science est le véhicule qui conduit à l'affranchissement de l'âme. Il n'y a plus à ajouter qu'une proposition pour avoir toute la doctrine bouddhique ; c'est celle-ci : le vrai bonheur est l'éternité dans le néant. Etrange conception qui devait prendre naissance sous le climat brûlant de l'Inde où tout mouvement est une fatigue, où la nature est si admirablement belle que sa contemplation peut suffire à satisfaire tous les désirs humains.

Le bouddhisme fut plus hétérodoxe que Kapila. Le philosophe admettait que la révélation ou tradition était un des trois moyens d'arriver à la connaissance des choses ; il acceptait donc les *Védas*. Le Bouddha rejette l'autorité des livres saints comme l'avait déjà fait Kanada. Il réorganise le panthéon sur des bases nouvelles mettant, comme Zoroastre, les dévas brahmaniques à un rang inférieur, et refait la Genèse védique d'une façon toute personnelle.

II

Réforme bouddhique.

L'univers dans l'idée bouddhique est une superposition de cieux et d'enfers dont la terre occupe le centre. Au sommet du Mérou, le mont sacré, commencent les étages supérieurs habités par les puissances affranchies des misères d'ici-bas ; au-dessous sont les enfers où souffrent les damnés. Il y a vingt-huit cieux superposés, véritables purgatoires où les dieux et les âmes pures des hommes jouissent d'autant de degrés de félicités. Le dernier s'appelle le ciel de la non-pensée ; c'est là que l'âme est absolument anéantie. Il y a trente-deux enfers où le corps des réprouvés est condamné à des tourments éternels. Le genre de supplices qu'y subissent les pécheurs varié à l'infini. Ce sont des vents enflammés qui soulèvent des sables brûlants ; des excréments qui s'introduisent dans la bouche ; des insectes à bec métallique qui rongent les chairs ; du fer liquide ; des clous rougis ; du cuivre fondu ; des chaudières d'eau bouillante ; des compressions sous des rochers ; des bains de sang et de pourriture ; des fleuves de cendres pestilentielles ; des combats avec des loups, des panthères ; des oiseaux à bec de fer qui piquent et traversent le crâne ; des mutilations avec des instruments tranchants ; des arrachements d'yeux ; des entre-déchirements ; des ligatures de fer rougi ; des décapitations ; des fours brûlants ; des vents glacés ; des froids qui brûlent et déchirent, etc., etc., etc. Quand le supplice est trop fort, le patient meurt ; mais il reprend immédiatement une nouvelle vie pour subir de nouveaux tourments. On voit que l'imagination bouddhique s'est donnée libre carrière.

Les dieux du panthéon bouddhique n'ont pas existé

de tout temps et ne sont pas immortels. Leur puissance est grande, mais elle n'est pas infinie. Ils habitent les cieux où ils ont été placés par leurs mérites et ne paraissent pouvoir les quitter, pour atteindre le *nirvana*, que par leur obéissance à la loi de Bouddha.

Il y a quatre classes de dieux. Dans la première sont rangés les rois terrestres, à raison de leurs fonctions qu'ils tirent de la divinité. Dans la seconde sont les *tchamas* qui ont acquis cette place par la contemplation. Puis viennent les *roupas* dont la position est due également aux mérites. Enfin, au-dessus s'élèvent les *aroupas*. Ce sont les *boddhisatvas* et les *bouddhas* qui, en suivant les prescriptions, sont arrivés à anéantir en eux la matière, la pensée, l'individualité et à jouir ainsi du parfait bonheur.

Dans cette classification les dieux brahmaniques occupent le second rang, immédiatement après les rois terrestres. Ils sont *tchamas*. Ils se divisent en huit compagnies. La première comprend les dévas, la seconde les dragons de la mer, la troisième les gnômes, la quatrième et la septième les musiciens célestes, la cinquième les démons, la sixième les oiseaux aux ailes d'or, la huitième les dragons terrestres.

Les dévas sont ici bien déchus. Brahma n'est plus le créateur de l'univers, il n'en est que le premier organe. Indra l'absorbe et le dépasse presque. Ce dernier a le titre de seigneur des dieux et souverain du ciel étoilé. A leur suite viennent quatre dieux entièrement bouddhiques dont les noms sont chinois; ce sont: *Pi-cha-men*, le glorieux, le vertueux;

Thi-to-lo-tho, le pacificateur des peuples ; *Pélicou-li*, grandeur accrue ; *Pélicou-po-tcha*, qui parle toutes les langues. Après eux se place *Maha-Isvara*, le Siva hindou, qu'on représente monté sur un taureau blanc comme Mithra. Vers le milieu de cette nomenclature nous trouvons la déesse mère des démons ; elle a pour fils Mara, le Kama brahmanique, le dieu de la volupté qui n'est peut-être que Bacchus, l'ennemi le plus implacable du Bouddha et de sa doctrine. Sa mère, type de la Vénus occidentale, préside à la reproduction des êtres. Maritchi est commun aux deux panthéons. C'est le dieu de la paix ; il est invisible et diaphane. Après lui se placent les dieux du soleil, de la lune, des nuages et de la pluie. Enfin *Yan-ma-lo*, le Yama des brahmanes, clôt la série des dévas. C'est lui qui est le grand justicier et le grand juge des âmes. Il a sous son autorité les régions inférieures. Sur terre il est le conciliateur et le défenseur de la loi. A force de mérites il arrivera à l'état de bouddha, et alors il sera appelé : le roi universel.

Au-dessus des dieux et des bouddhas est Adi-Bouddha, le créateur universel, conservateur de toutes choses créées. Après avoir fait les mondes il est entré dans le repos. Il ne doit en sortir que lorsque *Damata*, le Destin, l'obligera à de nouvelles créations.

Voilà certes une étrange doctrine, bien peu conforme à celles que nous avons étudiées jusqu'à ce jour, et pourtant, si l'on réfléchit, on verra qu'elle était logique et qu'elle devait fatalement surgir des croyances précédentes. Cette sorte d'anthropomorphisme ou de déification humaine, qui fait converger toute la création vers l'homme, est une conséquence du magisme. En donnant à l'homme le pouvoir de contraindre les esprits, de les soumettre à sa volonté, la religion des mages avait abaissé le panthéon zoroastérique et exalté l'orgueil humain. Quel respect pouvait-on conserver pour des divinités qu'on pouvait dominer au moyen de certaines pratiques ou de certaines formules? A la fin du second millénaire avant notre ère, la religion touranienne, chassée de l'Asie Mineure, s'était conservée ou réfugiée dans le Thibet et la Bactriane où, sous les noms de chamanisme et de lamaïsme, elle se maintint longtemps, rayonnant à la fois sur l'Indo-Chine, la Chine, l'Inde, l'Asie centrale et le Japon. Le brahmanisme, après une période brillante qui avait duré deux siècles, était arrivé à son déclin, suivant en cela la route tracée à toute forme religieuse condamnée à périr si elle ne se modifie. Les brahmanes ne pouvaient renoncer à l'exorbitant pouvoir qu'ils tenaient de la tradition et des fonctions divines qu'ils remplissaient. Un sourd murmure grondait autour d'eux. Ils voulurent le dominer, l'enrayer, le faire avorter, et ce fut le brahmanisme qui sombra dans la lutte.

Nous ne connaissons pas bien encore l'histoire de l'Inde; mais pour peu que nous soyons au courant du mouvement de la pensée humaine, nous comprendrons facilement que des philosophies aussi hétérodoxes que celles de Kanada et de Kapila n'ont pu voir le jour, être accueillies d'abord par les esprits d'élite et finir par jeter de profondes racines, qu'après des combats et des efforts longs et pénibles. Lorsque de tels mouvements se produisent à l'encontre d'une croyance, celle-ci est bien malade.

Le bouddhisme est une transaction religieuse entre les philosophies athées et le brahmanisme expirant. C'est une véritable réforme. A ce titre elle devait apporter quelque dogme nouveau qui ralliât autour d'elle la masse des esprits dévoyés et plus critiques que croyants. Elle ne manqua pas à cette nécessité de toute révolution qui a une carrière à fournir.

Elle apporta *l'égalité devant le ciel,* c'est-à-dire devant le bonheur éternel. Sans supprimer les classes politiques, elle passa au-dessus d'elles sans s'en inquiéter. Elle posa en principe que le *nirvana,* le paradis suprême, était accessible à tous. Pour l'atteindre, quelque rang que l'on occupât d'ailleurs dans l'échelle sociale et céleste, il suffisait de se conformer à la loi du Bouddha, loi parfaitement précise et déterminée. Elle donna un véhicule de salut à tous les hommes souffrant des misères d'ici-bas. Ce n'est pas tout; la réforme changea et modifia profondément la croyance à la métempsycose (1) qui était un des pi-

---

(1) « La métempsycose et le jugement final sur les âmes ne sont qu'un double reflet de cette conception qui fait triompher le bien dans les luttes successives du monde d'en bas, et qui ne voit dans le mal qu'une force qui s'épuise et se consume elle-même. Toute la doctrine de la migration des âmes repose avant tout sur une base morale et non sur un principe abstrait et spéculatif. La croyance à la métempsycose est pour ainsi dire le Juif errant de la conscience de Dieu dans l'histoire. Elle reconnaît d'une manière éclatante que le problème de l'existence n'est pas résolu dans cette vie et qu'on doit chercher ailleurs la solution qu'il exige. Toute faute doit être expiée ; mais à la fin des épreuves, c'est le bien qui triomphera ; une série d'expiations successives aura purifié l'âme et l'aura préparée à vivre en Dieu, qui est l'éternel apanage de l'âme... Le fond de ce mystère, c'est la foi sincère en... l'unité de la raison humaine dans la conscience et en la

vots du brahmanisme et une telle source d'inquiétudes pour les Hindous qu'elle leur faisait prendre l'existence en horreur. Là aussi elle usa de la même tactique. Sans attaquer le dogme des incarnations animales, elle le remplaça par celui des épurations successives de l'âme aboutissant à la délivrance. Enfin elle posa un troisième principe bien fait pour développer la volonté : c'est que les *translations* qui mènent au bonheur sont la récompense des mérites, des privations, des bonnes œuvres terrestres et de l'obéissance à la loi.

III

Le rédempteur Sakya-Mouni.

Siddharta, celui qui devait être le Bouddha, naquit à Kapilavastou vers la fin du septième siècle avant notre ère. Sa venue avait été annoncée par la désolation d'une troupe de *brahmartchis*, esprits familiers, qui n'avaient pu pénétrer dans le palais de son père, le roi Souddhodana, où ils avaient accès d'ordinaire. Sa mère, la belle et vierge Maya, le conçut, par la vertu d'un esprit saint, durant un songe. Les devins déclarèrent que le fils qu'elle devait engendrer « étu-
» dierait la loi, deviendrait Bouddha et délivrerait les

---

personnalité indestructible... L'âme de l'homme est immortelle virtuellement ; mais ce n'est qu'après avoir passé par une suite d'épreuves et de perfectionnements, au moyen de la métempsycose, qu'elle devient immortelle en réalité ; elle ne peut arriver autrement au terme de sa carrière... » (Bunzen, *Dieu dans l'hist.*, trad. Dietz, p. 78).

» dix parties du monde. » A peine les magiciens avaient-ils parlé que le sein de Maya devint transparent et qu'on vit l'enfant, « beau comme une fleur, à genoux, appuyé sur ses mains. » Au bout de dix mois, la reine alla se promener dans les jardins de Loumbini. Là, surprise par les douleurs de l'enfantement, elle mit au monde Siddharta, « par le côté droit. » L'enfant tomba à terre, fit aussitôt sept pas; et, levant la main, il s'écria : « Dans le ciel et sous le ciel » il n'y a que moi d'honorable; tout est amertume » dans le monde, et c'est moi qui adoucirai cette » amertume. » Alors la terre trembla, les dieux et génies accoururent, Brahma et Indra le vêtirent d'une robe céleste, etc., etc.

L'enfant était superbe, et le brahmane Asita reconnut en lui tous les signes que doit posséder le Rédempteur.

Quand il fut en âge d'être marié, les vieillards l'engagèrent à prendre une compagne. Siddharta eût préféré la chasteté. Pourtant, craignant les désirs, il consentit; mais il voulut une femme douée de toutes les qualités. La belle Gopa répondit à ses souhaits.

Mais au sein de toutes les joies du palais de son père, Siddharta ne peut toucher au bonheur. Une chose le tourmente; c'est de voir partout « la vieillesse, la maladie, la mort et la transmigration terrible et éternelle qui en est la suite. »

Cette pensée, une fois qu'elle a pénétré dans son esprit, ne le quitte plus. Elle le pousse vers l'étude et la philosophie. C'est alors qu'il se lance dans ces propositions :

» Tout composé est périssable ; ce qui est com-
» posé n'est jamais stable... Tout composé est tour à
» tour effet et cause. L'un est dans l'autre... Ainsi de
» causes et d'effets naissent toutes les agrégations ;
» et le *yogui*, le sage, en y réfléchissant, s'aperçoit
» que les agrégations ne sont que le vide, qui seul
» est immuable. Les êtres que nos sens nous révèlent
» sont vides au dedans et au dehors. Aucun n'a la
» fixité qui est la marque de la loi. Cette loi qui doit
» sauver le monde, je l'ai comprise, je DOIS la faire
» comprendre aux dieux et aux hommes. »

Le moment est venu d'accomplir sa mission ; mais il faut auparavant qu'il atteigne l'intelligence suprême, qu'il parvienne à devenir Bouddha, c'est-à-dire : « supérieur aux dieux et aux hommes. » C'est seulement dans la retraite, loin des passions mondaines, qu'il peut atteindre la « parfaite science » et ce grade élevé qui en sera la récompense.

A dix-neuf ans il part ; il quitte le palais de son père au milieu de la douleur de toute la cour dont il était le seul espoir. Ni larmes ni prières ne l'arrêtent. Il était minuit. L'astre *Poushya*, qui était apparu lors de sa naissance, était levé et l'éclairait de ses rayons. « Je ne rentrerai pas dans Kapilavastou,
» dit-il, avant d'avoir obtenu la cessation de la nais-
» sance et de la mort, avant d'avoir atteint la demeure
» exempte de vieillesse et de mort, avant d'être par-
» venu à l'intelligence pure. »

Il coupe sa chevelure de guerrier, dépouille et échange ses vêtements de prince contre ceux d'un modeste chasseur, et commence cette vie d'abnégation

qu'il doit mener jusqu'à sa mort. Il s'arrête d'abord chez le savant brahmane Arata-Kalama, qui n'avait pas moins de trois cents disciples et une multitude d'auditeurs. Le digne professeur ne tarde pas à reconnaître la valeur de Siddharta, et il lui propose de partager avec lui les soins de l'enseignement. Mais la doctrine d'Arata ne paraît pas au jeune homme « une vraie libération. » — « En perfectionnant cette
» doctrine, dit-il, qui consiste dans la pauvreté et la
» restriction des sens, je parviendrai à la vraie déli-
» vrance; mais il me faut encore de plus grandes re-
» cherches. »

Il passa à Radjagriha, dans le Magadha. Il y fit la conquête du jeune roi Bimbisara, qui ne cessa dès lors de le protéger. Son but était de profiter de l'enseignement que donnait dans cette ville le célèbre Roudraka. Il se fit admettre, lui sept centième, au nombre de ses disciples, et vécut quelque temps parmi la jeunesse studieuse qui écoutait la parole du maître. Cette doctrine, si en faveur pourtant, ne parvint pas encore à satisfaire Siddharta. Pendant son séjour auprès de Roudraka, il était parvenu à s'attacher quelques jeunes gens qui avaient été séduits par l'élévation de ses idées. Cinq parmi eux s'étaient particulièrement dévoués à lui et à sa doctrine de renoncement.

Ces cinq disciples (les premiers!) le suivirent dans la forêt où il avait résolu de chercher la voie libératrice par les mortifications, les macérations et le jeûne. La légende rapporte qu'« il se soumit à ne prendre
» par jour, pour soutenir ses forces, qu'un grain de
» chanvre et qu'un grain de riz. » Quoi qu'il en soit,

exaltées par un régime ascétique, ses facultés intellectuelles acquirent leur plus haut degré de puissance ; « son esprit percevait sans agir » et ses sens étaient vaincus.

Au bout de six ans de cette vie d'abstinence, il n'était pourtant pas arrivé à la « suprême intelligence. » Alors il renonça brusquement à ce régime de privations. Cette résolution inattendue amena une grande perturbation dans l'esprit de ses compagnons qui ne l'avaient suivi que dans l'espoir d'arriver au salut par sa voie. Ils le quittèrent, non sans de grands déchirements, et se dirigèrent vers Bénarès. Siddharta demeura seul dans la forêt. Une jeune fille, du nom de Soudjata, lui apportait chaque jour les aliments nécessaires pour sa nourriture. Solitaire, il continua encore quelque temps ses méditations sans pouvoir atteindre le but si longuement poursuivi.

Enfin un jour il s'assit désespéré sous un figuier et fit le solennel serment que voici : « Qu'ici mon corps
» se dessèche ; que ma peau, ma chair et mes os se
» dissolvent si je soulève mon corps de ce gazon où
» je l'assieds, avant d'avoir obtenu l'intelligence
» suprême. »

Il resta là sans mouvement tout un jour et toute une nuit. Enfin, à l'aurore, ses efforts furent couronnés de succès ; il avait atteint « la triple science. » Il avait trouvé « la voie forte du grand homme, la
» voie du sacrifice des sens, la voie infaillible, la voie
» de la bénédiction et de la vertu, la voie sans tache,
» sans envie, sans ignorance et sans passion, la voie
» de la délivrance qui fait que la force du démon

» n'est pas une force, que les régions de la transmi-
» gration ne sont pas des régions, la voie qui sur-
» passe Çakra, Brahma, Mahaçvara et les gardiens du
» monde, la voie qui mène à la possession de la
» science universelle, qui adoucit la vieillesse et la
» mort, qui exempte des craintes du démon et con-
» duit au *nirvana*. » En un mot, Siddharta était
devenu Bouddha, le Rédempteur. Il n'avait plus, pour
accomplir sa mission terrestre, qu'à enseigner sa doctrine afin de mettre les dix parties du monde en mesure d'arriver au salut.

Pourtant, avant de se décider à la prédication, il
voulut éprouver sa puissance contre le plus terrible
de ses ennemis, Mara, le dieu de la volupté. Il le
vainquit lui et ses innombrables légions. Les légendes
lui attribuent à ce moment une foule de miracles qui
sont la consécration et la preuve de la puissance plus
que divine qu'il vient d'acquérir, et une foule d'incarnations où il sacrifie constamment son corps au
soulagement des créatures. Nous ne suivrons pas les
livres bouddhiques dans ces longues énumérations
parfois contradictoires et toujours embrouillées. Nous
avons exposé la vie du Bouddha jusqu'à la prédication, d'abord parce que cette exposition était nécessaire pour comprendre l'idée bouddhique, si étrange
pour nos cerveaux occidentaux; ensuite pour montrer
les rapports merveilleux qui existent entre la vie du
Christ et celle de Siddharta. Quand, plus tard, nous
étudierons le christianisme nous verrons bien d'autres
analogies qui nous laisseront rêveurs.

IV

La doctrine bouddhique.

Lors même qu'Adibouddha, l'Esprit créateur, sortirait du repos par l'ordre de Damata, le destin, afin de transformer ou de créer à nouveau, sa puissance n'irait pas jusqu'à toucher aux sages qui sont devenus Bouddhas et qui habitent le *nirvana*. Le néant ne peut être que le néant. Avec rien l'Etre suprême lui-même ne peut rien édifier. *Ex nihilo, nihil.*

Et pourtant, quoique ce principe soit absolu, il y a des exceptions à cette règle, car la logique n'existe pas en religion.

Le bouddhiste admet qu'il y a quelque chose qui doit demeurer plus immuable encore que le néant lui-même : c'est la doctrine. Cette doctrine est confiée aux Bouddhas ; ils en ont le dépôt sacré en même temps que la charge. C'est pour la garantir de l'oubli ou de l'altération, qu'à certaines époques ils sortent du néant, s'incarnent et se manifestent sur terre.

Il y a deux classes de Bouddhas habitant le *nirvana*. Les principaux, appelés simplement Bouddhas, ne sortent qu'une fois du repos pour se vêtir d'un corps ; les autres apparaissent plusieurs fois jusqu'à ce que, par leurs mérites, ils se soient élevés au rang des premiers ; ils se nomment *boddhisatvas*. « Ces
» êtres parfaits, dit Klaproth, exercent un empire ab-
» solu sur leur ennemi, qui est la matière, et sur ses

» formes séduisantes. Disposant en maîtres de Maya,
» l'illusion, qui trompe les sens par ses métamorpho-
» ses, ils la peuvent détruire à volonté ou se servir
» d'elle pour opérer le salut du genre humain. C'est
» de cette manière que s'effectuent toutes les incar-
» nations des Bouddhas. Leurs âmes descendent sous
» la forme de rayons lumineux et prennent un corps
» sous l'enveloppe de Maya. Ils ne font rien sans un
» dessein spécial. Leurs opérations ne sont jamais
» violentes; elles ne restreignent nullement le libre
» arbitre des êtres inférieurs, qui sont enchaînés par
» la matière et pour le salut desquels ils sont des-
» cendus. »

Le monde a déjà vu neuf cent quatre-vingt-dix-sept incarnations de Bouddhas. Le premier de tous s'est appelé Avalokitesvara, les derniers sont : Kanaka-Mouni, Kasyapa, et enfin Sakya-Mouni. Celui qui doit apparaître s'appellera Maïtreya. Il viendra l'an 4457 de notre ère.

Voici maintenant les préceptes et prescriptions qui, pratiquées dans cette vie, amènent infailliblement au *nirvana*. Nous allons voir qu'il y a beaucoup plus à admirer que nous ne pensons dans cette morale qui date déjà de vingt-quatre siècles.

Il faut : « Pratiquer l'humanité, la prudence, la jus-
» tice, la sincérité et l'urbanité;
» Ne pas tuer des êtres vivants, ne pas dérober, ne
» pas commettre d'adultère, ne pas déguiser la vé-
» rité, ne pas s'abreuver de liqueurs spiritueuses.
» Ne pas se placer sur un siège large et élevé, ne
» porter sur ses vêtements ni rubans ni fleurs, ne pas

» assister aux spectacles, ne pas parer ses mains
» d'ornements d'or et d'argent, ne pas prendre ses
» repas après midi.

» Exercer l'aumône, ne pas se livrer à la volupté,
» jeuner, se garantir du mensonge, de l'affectation
» dans le langage, de la duplicité et de la calomnie;
» méditer les livres sacrés, les commenter, prêcher
» la foi, contempler le vide de l'esprit et du corps. »

C'est au moyen de la « translation » que l'homme et les dieux passent d'une condition inférieure à une condition plus élevée pour arriver enfin au *nirvana*, qui est le but suprême. Il y a trois sortes de translations : la petite, la moyenne et la grande. Toutes ont un véhicule commun, qui est la contemplation de la douleur, de la réunion, de la mort, de la doctrine et des transformations de l'âme. Pour éviter de devenir *asoura*, « démon, » « brute » ou « damné, » la petite translation suffit, elle consiste à pratiquer les cinq préceptes et les dix vertus. « Dans la translation
» moyenne, dit Clavel, dans son étude du boud-
» dhisme (1), les *sravakas* parviennent à franchir
» l'enceinte des mondes, en s'aidant des instructions
» orales de Bouddha ; les *pratiékas-bouddhas*, en mé-
» ditant sur les vicissitudes humaines et sur le véri-
» table vide de l'âme ; les *boddhisatvas*, en appliquant
» à tous les êtres vivants les six moyens de salut.
» Dans la grande translation, enfin, la contemplation,
» appelée *samadhi*, et les plus sublimes sacrifices de

---

(1) *Hist. pit. des religions*, p. 307. Cet ouvrage nous a été très utile pour cette dernière partie de notre travail.

» la charité, élèvent les êtres purifiés à la suprême
» condition de Bouddha. »

V

Expansion du bouddhisme.

Sitôt après la mort du Bouddha, ses disciples répandirent sa doctrine. En peu de temps, elle avait envahi toute l'Inde, le Bengale, les bouches du Gange et le Dékan. Plus tard, des missionnaires l'introduisirent en Perse, dans le Kaschmir et le Kandahar. Elle pénétra, sans pouvoir s'y maintenir d'abord, dans le Thibet, où régnait le chamanisme, reste de la religion touranienne. Mais c'est surtout à Ceylan qu'elle fut le mieux accueillie. Là elle s'acclimata promptement, et l'île devint un nouveau point de départ pour les missionnaires bouddhiques.

En 217 avant notre ère, la Chine la reçut; mais elle y demeura à l'état latent. Ce ne fut qu'en 64 de J.-C. qu'elle trouva des circonstances qui favorisèrent son développement grâce à la protection que l'empereur Ming-ti accorda aux sectateurs de *Fo*, nom chinois du Bouddha. Quelques princes suivirent l'exemple de Ming-ti, et la doctrine se répandit rapidement dans l'Empire du Milieu.

De 399 à 414, le voyageur missionnaire samanéen Chi-fa-hian constatait la présence du bouddhisme dans la Tartarie, près du lac de Lob et dans les Etats situés au nord de l'Himalaya. La doctrine y était enseignée en langue sanscrite, comme dans l'Inde. A

Bénarès, il était florissant et avait fini par vaincre le brahmanisme. Ce n'avait pas été sans peine. Pendant dix siècles la réforme avait lutté avec des alternatives de succès et de revers, où le sang avait largement coulé. Chaque fois que les bouddhistes étaient vaincus, il fallait quitter l'Hindoustan et aller propager la croyance dans les pays voisins. Chaque fois qu'ils étaient vainqueurs, ils se groupaient autour de Kapilavastou ou de Bénarès. A l'époque du voyage de Chi-fa-hian, le berceau de Bouddha, Kapila, la ville sainte, avait disparu sous les décombres de la guerre. Bénarès était menacée. C'est vers le milieu du cinquième siècle qu'éclata la nouvelle guerre religieuse. Elle fut terrible ; les sectateurs du Bouddha furent vaincus, leurs temples rasés, leurs personnes proscrites et leur culte presque anéanti. De 630 à 650, il n'en restait presque plus de traces, non seulement dans l'Hindoustan, mais encore en Perse, où le mahométisme s'était déjà introduit ; dans la Boukharie, qui était redevenue au mazdéïsme ; dans l'Afghanistan et le Beloutschistan. En Chine, on proscrivait également la doctrine ; dans le nord de l'Empire du Milieu, de violentes persécutions étaient organisées.

En 517, l'empereur Wou-ti, qui avait persécuté les samanéens au nom de la doctrine de Confucius, se convertit au foïsme, et, dans son zèle, voulut se faire moine. Il en fut empêché ; mais, grâce à lui, le bouddhisme se répandit en toute liberté dans le midi de la Chine. Vers la même époque, il fut également protégé par l'Impératrice du Nord. Profitant de ces heureuses circonstances, il prit, pendant plus de cent ans, un développement considérable; si bien, qu'en 622, un décret impérial ordonnait à cent mille samanéens (bouddhistes) de quitter leurs couvents, de prendre femme et de fournir des citoyens à l'Etat qui en manquait.

VI

Le mazdéisme en Chine.

Lorsque les premiers missionnaires bouddhistes pénétrèrent en Chine, ils y trouvèrent une religion dès longtemps établie; on l'appelle aujourd'hui Tao-sse (Raison). Elle succédait elle-même à une croyance plus ancienne encore, qui n'était autre que le mazdéisme touranien.

Nous n'avons pas de documents sur ce mazdéisme, qui a été la croyance primitive de l'Empire du Milieu; mais nous pourrons deviner ce qu'il devait être en étudiant le Tao-sse, qui en est évidemment dérivé; et en nous rapportant au sabéisme de l'Asie centrale et occidentale, que nous avons vu se développer, dans le cours de cet ouvrage, en Perse, Chaldée, Médie et Bactriane.

Au sommet du panthéon tao-sse est: Tien, le Ciel. On ne sait pas trop ce qu'il fait là; car, d'après les Livres canoniques chinois, il ne paraît pas avoir de fonction bien déterminée. En tout cas, Tien est une abstraction, quelque chose comme les idées que font naître en nous, Occidentaux, les mots de: Loi universelle préexistante, de fatalité ou de destin. Puis vient Tao, la Raison créatrice des mondes. Encore une abstraction. Tao existe, mais il est indéterminé, sans forme; c'est un principe de vie dans le chaos.

« Tao a produit un, un a produit deux, deux a pro-
» duit trois, trois a produit tout ce qui est. »

Tao a créé Taï-ki, le premier principe, le germe initial, d'où sont sorties deux matières, « l'une parfaite nommée *yang*, l'autre imparfaite nommée *yn*; celle-ci passive, celle-là active; ou le ciel et la terre, la clarté ou l'obscurité, le chaud et le froid, le sec et l'humide, et toutes les autres qualités opposées de la matière. » Les éléments sont le résultat de combinaisons parcellaires de *yns* et de *yangs*. Ainsi ont été créés : le feu (*ho*), l'eau (*choui*), la terre (*tou*), le bois (*mou*), le métal (*kin*).

Le système planétaire s'identifie avec les éléments; ainsi, le feu est Mars, Mercure est l'eau, Saturne est la terre, Jupiter est le bois, Vénus est le métal.

Puis apparaît Pan-kou, « le grand architecte de l'univers, » lequel imprima des formes aux éléments. Il forma le Ciel et la Terre, puis mourut. Ses restes se changèrent en montagnes, fleuves, arbres et herbages.

La Terre, œuvre de Pan-kou, est formée par cinq montagnes au milieu desquelles s'élève le Kouen-lun, ou montagne sacrée, qui joue le rôle du Mérou. « Au
» sommet du Kouen-lun, près des portes célestes,
» est une fontaine, la fontaine jaune, dont l'eau donne
» l'immortalité, et qui est la source de quatre fleu-
» ves dont les flots roulent vers les quatre parties
» du monde. »

Remarquons en passant cette tradition de quatre fleuves, partant d'un même point, et qui est commune à toutes les races orientales.

La trinité formée par le Ciel, la Terre et l'homme succéda à Pan-kou. Chacun des membres de cette triade travailla successivement, et pendant dix-huit cents ans chacun, à compléter la création. L'œuvre totale ne doit être terminée qu'à la douzième période de dix-huit cents ans. Chacune de ces périodes correspond à un signe du Zodiaque, en commençant par le Bélier et finissant par le Verseau. « Tous les êtres ont
» alors passé par les degrés de naissance et de dé-
» veloppement qui leur sont propres ; alors tout s'ar-
» rête, dégénère, et, dans le cours de la douzième
» période, tout meurt et se détruit. »

Après les règnes successifs des « empereurs du Ciel, *Tien-hoang*, » des « empereurs terrestres, *Ti-hoang*, et des hommes, *Gin-hoang*, » dont les aventures rentrent complètement dans le domaine de la fable, surgit Fo-hi.

« Il avait le corps d'un dragon et la tête d'un bœuf, » sa mère le conçut, étant vierge, par l'opération d'un arc-en-ciel. « Fo-hi succéda au Ciel et sortit à l'Orient. » C'est lui qui est l'auteur des trigrammes ou caractères de l'écriture chinoise. Il avait épousé sa sœur Niu-va, la « Souveraine des vierges, » la « Souveraine mère. » Niu-va est représentée avec
» un corps de serpent et une tête de bœuf comme Fo-hi. « En naissant, dit Clavel, elle était douée d'une
» intelligence divine, et elle obtint par ses prières
» d'être vierge et épouse à la fois. De son temps, il

» éclata dans le Ciel une révolte dont Kong-kong fut
» l'instigateur et le chef. Pour rendre l'univers mal-
» heureux, il excita le déluge, brisa les liens qui
» unissaient le ciel et la terre, et accabla les hommes
» de tant de maux qu'ils ne pouvaient les supporter.
» Emue de compassion pour les souffrances de la race
» humaine, Niu-va déploya ses forces toutes divines,
» combattit Kong-kong, le défit entièrement et le
» chassa. Cette victoire obtenue, elle rétablit les qua-
» tre points cardinaux ; elle purifia par le feu des
» *pierres de cinq couleurs*, et en boucha les brèches
» du ciel ; elle brûla les roseaux et en ramassa les
» cendres pour servir de digue au débordement des
» eaux. La terre étant ainsi redressée, et le ciel rendu
» à sa perfection, elle fit régner la paix dans le
» monde, et tous les peuples passèrent à une vie
» nouvelle. Après un règne de cent trente ans, Niu-va
» abandonna sa dépouille terrestre ; mais elle appa-
» raît quelquefois aux regards des hommes. Sa lu-
» mière remplit tout l'espace. Montée sur le char du
» tonnerre, elle la fait traîner par des dragons ailés,
» soumis à ses ordres. Un nuage d'or la couvre et
» l'environne, et elle se joue ainsi dans les régions
» les plus élevées de l'air, jusqu'à ce que, parvenue
» au neuvième ciel, elle aille faire sa cour au Sei-
» gneur, à la porte de l'Intelligence. »

Que dites-vous de cette Niu-va ? On retrouve dans sa légende celle de la Vierge, mère du christianisme, celle des fleuves phalliques, celle d'Isis en particulier ; celle des luttes des esprits malfaisants ; celle du déluge ; celle de l'âge d'or. Ce n'est pas tout ; remarquons la forme sous laquelle on représente la déesse et son époux Fo-hi. Tous deux ont un corps de serpent, animal regardé comme symbolisant le mal par toute l'antiquité, surmonté d'une tête de bœuf, symbole non moins antique du bien et de la génération. Séparez ces deux idées, vous avez Python et Osiris en Egypte, les fils de Bor et le géant Ymer en Scandinavie, Eve et le serpent chez les Hébreux, etc., en un mot la lutte du principe destructeur contre le principe générateur, lutte qui rattache encore la Chine à la religion phallique, que nous avons vue dominer toutes les croyances anciennes.

Chin-nong fut le plus célèbre des successeurs de Fo-hi et de Niu-va. Il fut, lui aussi, conçu par une vierge, par l'opération d'un esprit. « Il régna successivement à Y et à Ki. Il apprit aux hommes à cultiver les champs et la vigne, » comme le Dionysos de l'Inde et le Bacchus des Grecs et des Romains.

L'esprit qui préside aux cinq éléments s'appelle Chang-ti. Il s'incarne successivement dans chacun d'eux. Quand il est le feu (*ho*), Mars, le midi, ou l'été, il est *rouge*. Quand il est l'eau (*choui*), Mercure, le nord, l'hiver, il est *noir*. Quand il est la Terre (*tou*), Saturne, la région intermédiaire entre les points cardinaux, la Chine, la saison moyenne, il est *jaune*. Quand il est le bois (*mou*), Jupiter, l'orient, le printemps, il est *vert*. Quand il est le métal (*kin*), Vénus, l'occcident, ou l'automne, il est *blanc*.

A la suite de ces cinq génies principaux viennent

les *hien*. Ce sont des hommes qui, par leurs mérites, sont arrivés au bonheur éternel.

Puis viennent les *chin*, « placés sur la limite de la
» vie matérielle et de la suprême béatitude. Ils sont
» accessibles aux passions, ... pouvant ainsi mériter
» des peines ou des récompenses. » Ils ont pouvoir
sur la nature. « Le soleil, la lune, les étoiles, les
» vents, la pluie, la grêle, les météores, les saisons,
» les jours, les nuits, les heures se meuvent sous
» leur influence. »

L'empereur de Chine les tient dans son autorité absolue. Il les fait adorer ou chasser des temples, suivant qu'il est content ou mécontent de leur travail.

Enfin, se placent les *ki*, esprits terrestres de rang secondaire, et les *kouei*, génies ou mânes.

En face de ce système de divinités bienfaisantes, se dresse un système opposé, comme dans le mazdéisme bactrien.

D'après la doctrine tao-sse, l'âme est double. Une partie est immortelle, et, après la mort, devient *chin*, en s'unissant à l'Etre suprême ; l'autre est responsable, elle peut arriver à se perdre dans l'essence du Tao ou revivre dans de nouveaux corps expiatoires, suivant ses mérites.

Enfin, disons que cette croyance a, comme le mazdéisme, dégénéré en magisme ou sorcellerie, surtout dans les derniers temps (1).

---

(1) « Le Touranien voit partout, dans l'univers et dans l'ordre moral en particulier, non pas des substances et des phénomènes, mais des forces et des esprits. Il a peur de ceux-ci ; il est, dans le monde des esprits, ce qu'Hégel dit de la bête

Voilà donc la doctrine qu'avait à combattre le bouddhisme, quand il pénétra en Chine.

VII

Confucius.

Ce ne fut pas la seule.

La morale philosophique de Confucius était devenue un véritable culte se rapprochant beaucoup, il est vrai, du celui de Tao. Le bouddhisme l'eut aussi pour adversaire.

Confucius n'est pas, à proprement parler, un réformateur. Il ne cache point, et ses disciples ou com-

---

dans un sens moins élevé, la crainte incarnée, la crainte de l'invisible. Tout pour lui est plein d'esprits qui sont plus forts que lui, mais qu'il est pourtant assuré d'écarter quand son propre esprit vient à s'exalter. Il aspire donc à l'état extatique, parce que dans l'état normal il ne se sent pas de force à résister aux esprits qui l'assiègent ni au charme du mauvais œil. La croyance à ce charme est commune à tous les Touraniens; on pourrait dire qu'elle est le sentiment physique qu'ils ont de l'infini. Ils se croient sujets au charme, mais ils se sentent aussi capables de le secouer, de dompter les forces hostiles que leur oppose la nature. Aussi l'usage des boissons enivrantes séduit naturellement leur organisation fiévreuse; l'ivresse, comme tous les excès contre nature, est un vice touranien.

» Ainsi, partout où nous mettrons le doigt sur quelque coutume relative à ces exaltations physiques, à ces extases artificielles, nous sommes sûrs d'avoir affaire à une race touranienne ou à quelque élément de la même famille. Dans l'Iran, nous trouvons le *soma*, boisson défendue ici, permise ailleurs, partout connue. Dans la religion de Zoroastre et dans les *Védas*, nous rencontrons les incantations, les formules magiques. Dans l'ancien culte de Bacchus, les cérémonies orgiaques dominent, et des traits du même genre abondent dans les religions de l'Italie. Mais chez les Iraniens, le chamanisme n'est qu'un épisode; la vie aryenne, fondée sur la réflexion, repousse, refoule l'élément de l'extase irréfléchie; elle rompt le charme du dehors par la magie plus puissante de l'harmonie, de la mesure, de l'ordre régnant dans l'art et dans la science. Là est aussi le principe réel de la différence qui sépare les langues des deux races » (Bunzen, *Dieu dans l'hist.*, trad. Dietz, p. 87, 88).

mentateurs confirment son dire, qu'il ne fit que recueillir et mettre en ordre « les documents religieux, philosophiques, politiques et moraux qui existaient de son temps » et qui appartenaient, pour la plupart, à la religion tao-sse et aux philosophies orthodoxes qui s'étaient fait jour autour d'elle.

Il naquit dans la province de Chang-toung en 551 av. J.-C.

On ne sait pas bien la part qu'il prit aux ouvrages qui lui sont attribués et qui nous sont parvenus par les soins de ses disciples.

Quoi qu'il en soit de sa participation, ses œuvres sont au nombre de cinq :

Le *Y-King*, ou livre sacré des permutations ;

Le *Chou-King*, ou livre sacré par excellence ;

Le *Chi-King*, ou livre des vers ;

Le *Li-Ki*, ou livre des rites ;

Le *Sse-Chou*, ou quatre livres classiques.

Sa doctrine a pour base ce qu'il appelle lui-même : l'*invariable milieu*, c'est-à-dire le point où, sans être détaché du monde, on n'est plus accessible aux passions. De là découlent pour l'homme cinq devoirs : envers le souverain, envers les enfants, envers l'épouse, envers les frères de sang, envers les amis.

L'un de ses disciples a résumé la doctrine entière de Kong-fou-tseu dans cette propositions : « La doctrine de notre maître consiste uniquement à posséder la droiture du cœur et à aimer son prochain comme soi-même. »

Dans la religion qui a Confucius pour point de départ, des sacrifices sont offerts « au Ciel, à la Terre,

» aux ancêtres, au génie des champs, au génie des
» grains, aux cinq principales montagnes de l'Empire,
» aux cinq montagnes tutélaires, aux quatre mers et
» aux quatre fleuves. Les grands sacrifices sont pré-
» cédés de trois jours d'abstinence, pendant lesquels
» l'officiant ne doit ni juger les criminels, ni assister
» à un festin, ni écouter de la musique, ni habiter
» avec des femmes, ni visiter les malades, ni porter
» le deuil d'un mort, ni boire de vin, ni manger de
» l'ail ou de l'oignon. La négligence en ces matières
» ou le mauvais choix des victimes peuvent être pu-
» nis par une retenue sur le salaire du mandarin
» préposé à la cérémonie. Lorsque le prêtre est l'Em-
» pereur, il revêt une tunique *bleue* pour adorer le
» Ciel, une tunique *jaune* quand ses hommages
» s'adressent à la Terre. Il est habillé en *rouge* devant
» l'autel du soleil, en *blanc* devant celui de la lune.
» L'autel du Tien (Ciel) est rond, celui de la Terre
» est carré. »

On sacrifie à Chang-ti, le soleil, au solstice d'hiver et au solstice d'été, à l'équinoxe de printemps et à l'équinoxe d'automne. C'est l'empereur lui-même qui officie ordinairement à ces époques.

Au solstice d'hiver, « alors que le soleil, après avoir
» parcouru les douze palais que Chang-ti semble lui
» avoir assignés pour sa demeure annuelle, recom-
» mence sa carrière pour recommencer aussi à dis-
» tribuer ses bienfaits, » on immole un jeune taureau. »
Au printemps, la cérémonie est agricole; l'empereur et les mandarins labourent un champ que l'on ensemence et dont la récolte est offerte en sacrifice.

Il y a deux genres de temples : ceux de la campagne et ceux de la ville. Ceux de la campagne se composent d'un tertre élevé et semi-sphérique entouré de murailles et sans toiture; ceux des villes sont fermés et couverts. Dans les premiers, on ne sacrifie qu'au soleil (Chang-ti) ; dans les seconds, aux ancêtres seulement.

On voit que ce qui domine en somme dans cette religion koung-fou-tsienne, c'est le culte solaire associé au culte des ancêtres, ce que nous avons appelé le culte phallique. Les sinologues ne nous fournissent que très peu de détails sur la partie de ce culte professée avant le Christ, la seule qui pourrait être intéressante au point de vue des études que nous avons entreprises; mais nous croyons que ce n'est pas trop nous avancer, après ce que nous venons d'apprendre, que d'affirmer qu'elle devait avoir de grands rapports avec les cérémonies mithriaques. En effet, l'échange religieux entre la Chine, la Bactriane et l'Inde s'est évidemment opéré par l'Himalaya et les rivières et montagnes de la Boukharie, c'est-à-dire à travers le Thibet. Or cette province était entièrement mazdéenne, et le bouddhisme qui essaya de s'y implanter vers 770 avant Jésus-Christ ne put pas s'y maintenir et dut céder devant l'opinion zoroastérique connue sous les noms de chamanisme ou lamanisme, religions qui sont encore dominantes de nos jours dans tout le pays situé au nord et à l'ouest des monts himalayens. De plus nous savons que la doctrine mazdéenne ou ses dérivés a régné de tout temps dans le Thibet. Son implantation paraît y être aussi ancienne que dans la Bactriane (1). Il est probable même que, comme Bactres, Lahsa ou quelque autre ville de la contrée a servi de centre pour le rayonnement touranien vers l'Orient, c'est-à-dire vers le nord de la Chine et le Japon, où l'on retrouve de nombreuses traces des cultes zoroastériques et solaires.

(1) « Les langues touraniennes, à leur première période de développement, présupposent l'antériorité du système linguistique de la Chine ; de même, le celtique, reste de la première période du système linguistique des Aryas, présuppose l'antériorité des langues touraniennes. C'est dans cette transition, formée par les Touraniens entre les Chinois et le monde aryen, que consiste leur importance historique » (Bunzen, *Dieu dans l'hist.*, trad. Dietz, p. 90).

L'opinion ci-dessus exprimée est fort soutenable, et nous ne serions pas étonné que, lorsque nous connaîtrons mieux la Chine, nous trouvions dans l'Empire du Milieu, non seulement l'origine de nos langues occidentales, mais encore la source de toutes nos croyances. Au reste, le plateau de Pamir, que nos savants regardent comme le berceau des races occidentales, touche à la Chine. Porter ce berceau un peu plus à l'Orient ne change d'ailleurs rien à tout ce que nous avons dit jusqu'ici (*Note de l'auteur*).

CONCLUSION.

Assurément le lecteur qui nous aura suivi jusqu'ici ne sera pas le premier venu. Il est bien peu d'esprits qui osent rejeter les préjugés, les lieux communs et se faire une opinion par eux-mêmes sur ces grandes questions de notre destinée. Il en est peu qui aient les loisirs suffisants pour remuer tant de documents, souvent contradictoires, toujours incomplets, les coordonner, trouver le lien qui les unit, et finalement arriver à quelque chose qui soit leur chose à eux.

C'est pour aider dans leur tâche ces esprits chercheurs que nous livrons ces pages intimes à la publicité. Si elles pouvaient décider quelques personnes instruites à se lancer dans la même voie, l'auteur serait largement récompensé de ses efforts.

Ce qu'il cherche, c'est la vérité. Il a pu en soulever un coin, mais il reste encore bien des endroits obscurs où il faudra porter la lumière. Qu'elle surgisse, et nous aurons notre récompense; qu'elle surgisse, et notre temps n'aura pas été perdu. A l'œuvre! Il n'est pas de question plus intéressante que celle qui concerne notre âme et sa destinée future. Comment se fait-il que ce soit précisément sur celle-là que nous nous montrions le plus indifférents? Comment se fait-il que tandis que nous n'abandonnons à personne le soin de nos intérêts matériels, quand il s'agit de notre âme nous abdiquions instantanément notre personnalité et les facultés que la Divinité nous a départies pour nous en rapporter à des personnes fort honorables d'ailleurs, mais dont la science ne correspond plus à celle du jour?

Soyons hommes. Jetons hardiment nos regards vers l'Orient. C'est là qu'est le sphynx; c'est là qu'est le mystère, le feu sacré qu'il faut dérober à la divinité même.

Voilà deux cents ans que l'impulsion est donnée. Les résultats n'ont pas été aussi éclatants qu'on l'espérait. Au lieu de la grande lueur on n'a encore recueilli que des étincelles. Qu'importe! Que ce soit une raison de plus pour élever nos cœurs. *Sursum corda!*

Qu'est-ce en somme que deux siècles dans l'histoire du monde? Déjà l'histoire en embrasse soixante et dix dont quarante ont été rendus à la vie depuis que l'on étudie l'Orient. Les belles civilisations de l'Inde, de la Chine, de la Bactriane, de la Médie, de la Chaldée, de la Syrie, de l'Egypte, de la Phénicie, qui dormaient sous des terres éboulées, sous des marbres brisés, sous des stèles martelées, sous des colonnes tronquées, sous des statues renversées, sous des tombeaux et des monuments violés; tout cela se réveille et vient mêler ses accents étranges, ses langues incorrectes et bizarres au bruit de nos joies, de nos douleurs et de nos espérances.

Place à nos aïeux! place à nos pères! Qu'ils viennent s'asseoir à nos foyers, qu'ils viennent nous communiquer leurs pensées intimes et le fruit de leur expérience. C'est dans le contraste des sociétés qu'ils formèrent avec celles où nous vivons que se dévoilera la marche de l'esprit humain. Rappelons-nous que si nous sommes quelque chose, si nous avons quelque raison de nous enorgueillir de la douceur de nos mœurs, de l'élévation de nos âmes, des résultats acquis par la science, de notre bonheur en un mot, c'est à leurs efforts et à leurs sacrifices que nous devons en grande partie cette prospérité. Rendons-leur un culte, celui de la reconnaissance ; en échange ils nous livreront leurs secrets les plus intimes.

FIN.

TABLE DES MATIÈRES

Préface 5

CHAPITRE PREMIER.

DE L'ÉCRITURE ANTIQUE.

I. *Du Signe.* — Confusion des mots à l'origine du langage. — Moyen pratique d'y remédier. — Les premiers signes sont des statuettes. — Représentation de l'idée physique et de l'idée métaphysique. — Symbolisme par analogie. — Choix arbitraire du symbole. — Signe pur et signe emblématique. 17

II. *De l'Ecriture.* — L'écriture prend son origine dans la plastique. — Priorité. — Accusation d'idolâtrie lancée contre les peuples primitifs. — Son fondement. — L'écriture est un progrès sur l'art plastique. — Ecriture idéographique. — Multiplicité des caractères. — Conséquences de cette multiplicité. — Ecriture alphabétique. — Priorité. Services. 21

CHAPITRE II.

DU LANGAGE.

I. *Philologie comparée.* — Difficultés du déchiffrement des hiéroglyphes. — Inscription de Rosette, Champollion-Figeac. — Origine de la philologie comparée. — La réforme et les hébraïsants. — *Lexicon heptaglotton.* — Zend et sanscrit. — Tour de Babel, spectacle

donné par les savants. — Conclusions précipitées. — Réveil du vieux monde.. 25
II. *Division des langues.* — Filiations des langues et des races. — Utilité et dangers de la philologie comparée. — Division des langues. — Langue mère inventée par les savants. 29
III. *Erreurs du langage et de l'écriture.* — Causes. — Pauvreté d'expressions, surabondance d'images. — Apologue, allégorie, parabole, fable. — Difficultés de la traduction. — Erreurs qui en proviennent. 31

CHAPITRE III.

MIGRATIONS INDIENNES.

I. *Documents.* — Disparition des œuvres des auteurs grecs et romains relatives à l'histoire de l'Asie et de l'Egypte. — OEuvres littéraires et religieuses de l'Orient. — Impossibilité d'écrire l'histoire des peuples orientaux avant le déchiffrement des inscriptions. — De la chronologie, de sa valeur, de son utilité. — Dates incontestées.. 35
II. *Migrations.* — Les Palis et le Palistan. — Invasion en Perse et en Chaldée. Invasion en Egypte. — Migrations aryennes en Scandinavie et en Ethiopie. 38
III. *Inde. Paradis terrestre.* — Védisme à la fois panthéiste et monothéiste. — L'homme antédiluvien. — Toutes les origines sont dans l'Inde. 40

CHAPITRE IV.

ASSYRIE ET CHALDÉE SOUS LES ARYAS ET LES ÉGYPTIENS.

I. *Coup d'œil général.* — Tribus aryennes. — Nemrod et Assur. — Aspect d'une ville assyrienne. — D'où provient la grandeur du peuple assyrien. — Priorité de la science astronomique. . . 44
II. *Babylone et Ninive.* — Les Khouschites autochtones. — Invasion aryenne, les Palis. — Fondation de Babylone et de Ninive. — La tradition divinise les fondateurs de ces cités. — Premiers rois aryas. — Uruck. — Domination égyptienne. — Téglath-Phalasar Ier. . 49
III. *Bab-Ilou.* — Temples assyriens. — Inscription de Rawlinson. — L'écriture cunéiforme vient des Aryas. 55

CHAPITRE V.

ASSYRIE ET CHALDÉE SOUS LES ARABES.

I. *Ténèbres dissipées.* — Amoindrissement de l'élément aryen, prédominance de l'élément arabe à partir du seizième siècle av. J.-C. — Période arabe. — Salmanasar. — Téglath-Phalasar Ier (1230). — Assur-nasirpal. — Assur-Likhouz, Sardanapale (722). — Palpatie-Assur ou Sarkin ou Sargon (719-713); la ville d'Hier-Sarkin. — Assar-Haddon (680-668), apogée de la civilisation assyrienne. — Assur-Banipal (668-660) et sa bibliothèque. — Chiniladan ou Nabuchodonosor (604-586), destruction de Jérusalem, captivité de Babylone. — La Médie, Déjocès et Phraortes. — Destruction de Ninive et de Babylone, Nabonid (555-538). Balthasar. — L'Assyrie sous la domination des Perses. 54

CHAPITRE VI.

PHÉNICIE. — SYRIE. — PALESTINE. — PERSE.

I. *Phénicie.* — Tyr (1455), commerce, influence et rôle de la Phénicie. — Sanchoniathon et son œuvre historique. — Abibal. — Hiram (1013-953). Rapports de ce prince avec Salomon et David. — Balutorus (953-946). 65

II. *Syrie.* — Pourquoi l'empire syrien n'a été constitué qu'en 900 av. J.-C. 72

III. *Palestine.* — Motif de la sortie d'Egypte. — Moïse et les miracles. — Vicissitudes des Hébreux. — Les Rois. — Israël et Juda. — Fin du royaume de Juda et d'Israël. — Cyrus. Zorobabel. Esdras. 73

IV. *Perse.* — Mah-Abad. — Achéménès (644). — Réunion de la Médie à la Perse, Cambyse. — Cyrus en Asie. — Cambyse en Egypte (527). — Fin de l'empire perse, Alexandre le Macédonien.. 75

CHAPITRE VII.

ÉGYPTE.

I. *Formation.* — Les autochtones, Snewrou. — Chonwou, Shawra, Menkérès et les Pyramides. — Age des Pyramides. — Ce qu'a coûté la pyramide de Shawra. — Pepi-meri-ra. — Les Éthiopiens dans la basse Egypte. — Le livre de Phtah-hotep, le labyrinthe de Fayoum. — Relations avec l'Asie. . . . . . . , ... 79

II. *Hycsos* (2080). — Période arabe, conquête de l'Egypte par les Palis ou Hycsos, Salatis, destruction des monuments. — Agriculture en Egypte. — L'Egypte, grenier de l'Asie. — Guerre d'indépendance. — Les Hycsos chassés d'Egypte (1820). — Rois thébains, Taaken, Amosis. 90

III. *Apogée*. — Le lac Mœris. — Les Thouthmès, conquête de l'Asie. — Guerre religieuse sous Aménophis IV. — Rhamsès Ier, Sésostris (1422), commerce de l'Egypte. — Rhamsès II (1337) et les Hébreux. — Ménephtah, sortie des Hébreux. — L'Asie se rend indépendante, Sheschonk.. 92

IV. *Déclin*. — Conquête de l'Egypte par l'assyrien Sennachérib (713), révolte de Tahraka, les Assyriens chassés d'Egypte, les Ethiopiens repoussés. — Psammétik. — L'Egypte sous la domination perse, Cambyse (527-404). — Alexandre (332) et les Ptolémées. — Cléopâtre et les Romains (57).. 94

CHAPITRE VIII.

LE CULTE PHALLIQUE.

I. *Pamir*. — Séparation et migrations occidentales. — Tendances aryennes et touraniennes. — *Rig-Véda* et védisme, conceptions panthéoniques remarquables. — *Avesta* et mazdéisme. — La fin du monde. — Culte du feu et des ancêtres. 97

II. *Asie Mineure*. — Contrées colonisées. — Les Aryas à la mer. — Fusion. — Assyrie, les couples divins, les trinités. — Les Mèdes et le magisme. — Egypte, incarnations, justice, charité, amour du prochain. — Enfer et métempsycose. — Phénicie, soleil et terre, feu et eau.. 103

III. *Culte phallique*. — Divinités bisexuelles, système phallique du mazdéisme. — Mithra, sa légende, ses fonctions, ses attributs. — Le feu terrestre et les Mages. — Le feu du foyer et le *paterfamilias*. — L'eau. — Phallus et ctéis. 110

IV. *Divinités phalliques*. — Les Apollons grecs sont tous orientaux. — Le défi d'un savant. — L'Egypte et Osiris. — La Phénicie et Adonis. — Chaldée, fusion des époux et des épouses célestes. — Nisroch-Salman, ses fonctions et ses attributs d'après les inscriptions. 116

V. *Fleuves phalliques.* — Le fleuve Adonis. — Nil et légende d'Osiris, explication. — Légende d'Adonis, explication. — Fleuves à débordement périodique. — Tigre et Euphrate. — Phrygie. — Palestine. — Chypre. — Grèce. — Italie. — Gaule. — Conclusion. . . 121

VI. *Mystères et cérémonies phalliques.* — Le culte phallique a son origine vers l'Himalaya. — Figures de Mithra. — Mithra en Gaule. — Etymologie de *Bacchus.* — *Liber.* — Cérémonies phalliques. — Caractères communs à toutes. Différences. 128

CHAPITRE IX.

THÉOGONIES. — THÉOLOGIES. — BUT FINAL DE L'ÊTRE.

I. *Conceptions divines.* — Panthéon hindou. — Parabrahma. — Brahma, Wichnou, Siva. — Dévas et Assouras. — Chine, le Ciel et les génies. — Perse, Temps et Lumière, Ormuzdt et Ahriman, le réformateur Zoroastre. — Touraniens, esprits favorables et défavorables. — Assyrie et Chaldée, adoration des astres. — Egypte, Osiris, la Justice. — La pitié et la miséricorde sont inconnues dans l'antiquité. — Hébreux, le Dieu fort. 134

II. *Conceptions religieuses.* — Inde, immortalité de l'âme, paradis et enfers, métempsycose. — Magisme, terre à terre de ses conceptions religieuses. — Chine, loi universelle et rationnelle. — Egypte, immortalité de l'âme, vie future, absorption en Osiris. — Hébreux, matérialisme de la conception mosaïque. 139

III. *But final de l'Etre chez les Aryas et les Arabes.* 142

CHAPITRE X.

ORGANISATION CIVILE, POLITIQUE ET SOCIALE.

I. *Sociétés antiques.* — Inde, les classes, code religieux. — La femme dans l'Inde. — Nécessité de la polygamie en Orient. — Assyriens, Perses, Touraniens, Hébreux, leur organisation théocratique, confession, ablutions. — Code religieux de Moïse. — Mobiles de la conduite des peuples arabes. — Chine, philosophie, recherche du vrai au point de vue du bonheur, le *Chou-King*, maximes sociales, l'absorption dans les puissances supérieures. — Egypte, les classes, la décentralisation, les nomes et leurs privilèges. — Ce qu'il faut penser de l'adoration des animaux. — L'embaumement.

— Le patriotisme en Egypte et ses manifestations hiéroglyphiques.
— Morale. 144

CHAPITRE XI.

DE L'ART EN GÉNÉRAL.

I. *La liberté est la condition de l'art.* — Toute œuvre artistique est à la fois imprégnée du cachet de l'auteur et de l'époque où elle a apparu. — Elle peut donc servir a reconstituer le passé. — L'art n'existe pas sans le travail. — Le beau est infini. — Les génies novateurs, leur utilité, leur danger. — Les lois de l'art ne sont pas absolues. — La liberté n'est pas un danger pour le goût.. . . 163

CHAPITRE XII.

DE L'ART EN ÉGYPTE.

I. *Architecture.* — Pyramides, marches, galeries intérieures, puits d'initiation. — Chambre du roi. — Souterrains, labyrinthe de Fayoum, les initiés. — Adam et Eve. — Temples, palais, maisons. — Hypogées, hommes, chats, crocodiles, ibis. Apis. . . . 170
II. *Sculpture.* — Sarcophages. — Le tombeau de Rhamsès IV. — Les mesures égyptiennes. — Obélisques. — Stèles. — Statue. — Bas-reliefs. — Statuettes ou divinités égyptiennes. 174
III. *Peinture.* — Traces sur les statues et dans l'intérieur des sarcophages.. 177
IV. *Métallurgie.* — Joaillerie. — Ornementation.. 178
V. *Musique.* — Instruments employés. 179

CHAPITRE XIII.

DE L'ART EN ASSYRIE ET EN CHALDÉE.

I. *Architecture.* — L'art à Babylone et à Ninive. — Emplacement des ruines. — Descriptions des villes assyriennes, enceintes, forteresses, tours, créneaux, fossés. — Rapidité de la construction des cités, explication de cette rapidité. — Les murailles, briques, inscriptions cunéiformes, revêtements. — Couvertures, la voûte, les terrasses, mode d'éclairage et d'aération. — Influence de la voûte comme couverture sur les dimensions des salles, cours intérieures. — Temples, les étages, l'autel, tour de Babel, galeries. — Les temples

de M. Layard à Nimroud. — Règles de la construction en Assyrie.
— Dégorgeoirs et tunnels, pont, tablier. — Chambres funéraires.
— Jardins suspendus de Babylone. 180
II. *Sculpture et peinture.* — Ce qu'est la sculpture en Assyrie. — Les grandes allées de monolithes. — Les statues humaines. — Bas-reliefs de Ninive. — Revêtements des murailles à Babylone. — Peinture. — Les *temen*.. 191
III. *Gravure, céramique, métallurgie.* — Gravure en creux et en relief. — La céramique en Assyrie. — Métaux vulgaires et métaux précieux. — Statues métalliques.. 195

CHAPITRE XIV.

DU PROPHÉTISME EN ORIENT.

I. *Astrologie.* — Sa naissance, son but, sa dérivation, sa fin. . 197
II. *Magie.* — Prédiction de l'avenir. — Puissance de l'homme. — Exploitation du peuple. 199
III. *Prophétisme.* — Signification du mot *prophète*. — Fonctions du prophète. — Leur influence. — Comment elle a débuté. — Poète, philosophe, législateur. — Le prophétisme au temps de la captivité. — Le prophétisme est toujours l'expression d'un sentiment populaire et national. — Le prophétisme aux temps de la prospérité. — Ce qu'est le prophète. — Les prophétesses. — Les voyants. . 201

CHAPITRE XV.

DE LA RÉVÉLATION ET DES RÉVÉLATEURS.

I. *De la révélation directe.* — Les deux genres de révélation. — Les révélateurs et les moyens qu'ils emploient. — Motifs. — Recherche de la vérité religieuse. — Ce que devrait être la révélation directe. — Ce qu'elle est. — Destinée des religions révélées directement. — Les trois axiomes. — Réfutation des objections de Tertullien. 210
II. *De la révélation indirecte.* — Sur quels principes elle est basée. — Conception des saint-simoniens — De l'inspiration ou de la grâce. — La marche ascendante de l'humanité.. 218

CHAPITRE XVI.

LE BOUDDHISME ET LA CHINE

I. *Philosophies hindoues.* — Philosophies orthodoxes, *Mimansa* et

Djaimini, *Védanta* et *Vyasa*. — Philosophies hétérodoxes, *Veisésika* et *Kanada*, *Sankya* et *Kapila*. — Développement du système de Kapila, l'âme. — Le *Sankya* de Kapila est le point de départ du bouddhisme. 223

II. *Réforme bouddhique.* — Cosmogonie, cieux et enfers. — Panthéon bouddhique. — Dieux brahmaniques conservés. — *Adibouddha*, l'être suprême, *Damata*, le destin. — Apothéose de l'homme, sa déification. — Dogmes novateurs du bouddhisme, égalité religieuse, la métempsycose remplacée par l'épuration des âmes, le mérite récompensé. 226

III. *Le rédempteur Sakya-Mouni.* — Siddharta, sa naissance, son mariage, ses douleurs, ses pensées, son exil volontaire. — *Arata Kalama.* — *Roudraka.* — Premiers disciples, la forêt, austérités et ascétisme. — Changement de direction. — Siddharta devient Bouddha. — Combat contre *Mara* et ses phalanges. 232

IV. *La doctrine bouddhique.* — Néant, *nirvana*, rien de rien. — Les incarnations des bouddhas et des boddhisatvas, *Maya*, la vierge mère. — Préceptes et prescriptions de la doctrine. — Les translations. 238

V. *Expansion du bouddhisme.* — Prédications et missions dans le Bengale et le Dékan. — Le bouddhisme à Ceylan, nouvelle phase. — Introduction de la doctrine en Chine, luttes et péripéties. — *Wou-ti* et l'*Impératrice du Nord*, développement du bouddhisme en Chine. — Décret de 622. 241

VI. *Le mazdéisme en Chine.* — Le mazdéisme est la plus ancienne forme religieuse de la Chine. — Religion tao-sse, panthéon, *Tien* et *Tao*. — Les éléments et les planètes. — *Pan-kou* et la Terre. — Les révolutions zodiacales. — Les couleurs des dieux planétaires. — Les *hien* et les *chin*. — Fonctions des *chin*, supériorité de l'empereur. — L'âme double, une partie est responsable. — Mânes. — Les esprits malfaisants. 243

VII. *Confucius.* — Religions que le bouddhisme eut à combattre en Chine. — L'œuvre de Confucius. — Les cinq devoirs. — Résumé de sa doctrine. — Cérémonies. — Temples solaires, temples des ancêtres. — Culte phallique. — Le mazdéisme au Thibet et en Bactriane. 249

Conclusion. 254

FIN DE LA TABLE DES MATIÈRES.

Djaimini, *Védanta* et *Vyasa*. — Philosophies hétérodoxes, *Veisésika* et *Kanada*, *Sankya* et *Kapila*. — Développement du système de Kapila, l'âme. — Le *Sankya* de Kapila est le point de départ du bouddhisme.. 223

II. *Réforme bouddhique*. — Cosmogonie, cieux et enfers. — Panthéon bouddhique. — Dieux brahmaniques conservés. — *Adibouddha*, l'être suprême, *Damata*, le destin. — Apothéose de l'homme, sa déification. — Dogmes novateurs du bouddhisme, égalité religieuse, la métempsycose remplacée par l'épuration des âmes, le mérite récompensé... 226

III. *Le rédempteur Sakya-Mouni*. — Siddharta, sa naissance, son mariage, ses douleurs, ses pensées, son exil volontaire. — *Arata Kalama*. — *Roudraka*. — Premiers disciples, la forêt, austérités et ascétisme. — Changement de direction. — Siddharta devient Bouddha. — Combat contre *Mara* et ses phalanges............ 232

IV. *La doctrine bouddhique*. — Néant, *nirvana*, rien de rien. — Les incarnations des bouddhas et des boddhisatvas, *Maya*, la vierge mère. — Préceptes et prescriptions de la doctrine. — Les translations. 238

V. *Expansion du bouddhisme*. — Prédications et missions dans le Bengale et le Dékan. — Le bouddhisme à Ceylan, nouvelle phase. — Introduction de la doctrine en Chine, luttes et péripéties. — *Wou-ti* et l'*Impératrice du Nord*, développement du bouddhisme en Chine. — Décret de 622....................................... 241

VI. *Le mazdéisme en Chine*. — Le mazdéisme est la plus ancienne forme religieuse de la Chine. — Religion tao-sse, panthéon, *Tien* et *Tao*. — Les éléments et les planètes. — *Pan-kou* et la Terre. — Les révolutions zodiacales. — Les couleurs des dieux planétaires. — Les *hien* et les *chin*. — Fonctions des *chin*, supériorité de l'empereur. — L'âme double, une partie est responsable. — Mânes. — Les esprits malfaisants...................................... 243

VII. *Confucius*. — Religions que le bouddhisme eut à combattre en Chine. — L'œuvre de Confucius. — Les cinq devoirs. — Résumé de sa doctrine. — Cérémonies. — Temples solaires, temples des ancêtres. — Culte phallique. — Le mazdéisme au Thibet et en Bactriane... 249

Conclusion... 254

FIN DE LA TABLE DES MATIÈRES.